Gemüseretter

Nachhaltigkeit ist uns wichtig!
Mit diesem Buch unterstützen Sie eine ökologische Produktion. Wir verwenden FSC-zertifizierte Papiere, drucken mit mineralölfreien Druckfarben, verzichten auf das Einschweißen in Plastikfolie und achten auf kurze Transportwege.

Einfach nachhaltig

Jacqueline
Alfers

Gemüse RETTER

Obst & Gemüse lecker verwerten: 60 Rezepte gegen Foodwaste

CHRISTIAN

Vorwort

Obst und Gemüse retten – das klingt im ersten Moment ganz schön heroisch, nicht wahr? Doch für mich klingt es auch nach Wertschätzung und Abwechslung in der Küche. Und selbstverständlich nach einem wiedererwachten Bewusstsein für die Natur und ihre Schätze.

Aber das war nicht immer so. Ich bin in einer Zeit aufgewachsen, in der sich ein ständig weiter schwindendes Bewusstsein für Lebensmittel eingeschlichen hatte. Schließlich gab es in den Supermärkten fortwährend volle Regale und die Auswahl an Produkten wuchs stetig an. Da klangen die Erzählungen meiner Oma von früherer Knappheit und Mangel in meinen Ohren wie ferne Geschichten aus der Vergangenheit.

Dennoch musste ich mir im Laufe der Zeit selbst eingestehen, dass Lebensmittel in damaligen Zeiten eben doch mehr wertgeschätzt wurden und auch das Wissen um ihre Konservierung und vollumfängliche Verwendung deutlich größer war.

Irgendwann habe ich mir vor Augen geführt, wie viel Essen ich tatsächlich wegwerfe. Und das, obwohl ich immer dachte, ich würde nicht unökonomisch leben. Nach Recherchen zur Lebensmittelverschwendung und den Folgen für unsere Umwelt habe ich den Entschluss gefasst, daran etwas zu verändern.

Und damit entstand die Motivation, mich mehr mit den Produkten, ihrer Herkunft und allem voran dem Kochen zu beschäftigen. Schnell habe ich gemerkt, dass meine bisherige Herangehensweise in der Küche nicht zum gewünschten Erfolg führt. Denn mein Verständnis vom Kochen war geprägt von einem Denken »in Gerichten«. Anstatt also zu schauen, was der Kühlschrank und der Vorratsschrank noch hergeben und was man daraus machen kann, habe ich mich gefragt, was »fehlt«, um ein bestimmtes Gericht zubereiten zu können. Das hat unvermeidlich dazu geführt, dass ich immer neue Lebensmittel gekauft habe, statt vorhandene aufzubrauchen.

Also habe ich mein Denken in der Küche umgedreht. Anstatt mir vorzustellen, was ich kochen will, denke ich nun zuerst an die Lebensmittel, die schon im Haus sind und wozu man sie verarbeiten kann. Dass das nicht für jeden die richtige Herangehensweise ist, ist mir vollkommen bewusst. Doch genau dafür habe ich dieses Buch geschrieben. Ich möchte eine Auswahl an einfachen Gerichten für die unterschiedlichsten Obst- und Gemüsesorten kreieren, die das Vermeiden von Lebensmittelverschwendung möglichst unkompliziert machen. Entstanden ist eine bunte Vielfalt an Rezepten, um das Beste aus bereits im Haushalt vorhandenem Obst und Gemüse herauszuholen, ohne notwendigerweise einkaufen gehen zu müssen.

Ich hoffe, dir gefällt das Buch und du findest Inspiration für dich, um ebenfalls zum Obst- und Gemüseretter zu werden. Und solltest du noch mehr über das Thema und Verwertungsmöglichkeiten erfahren wollen, würde ich mich freuen, wenn du auch mal auf meinem Blog **useyourfood.de** vorbeischaust.

Alles Liebe

Jacqueline

Inhalt

Intro

Über dieses Buch

Dies soll kein Buch mit erhobenem Zeigefinger werden. Nein, es soll vielmehr eine Inspiration für all diejenigen sein, die weniger Lebensmittel wegwerfen und mehr Obst und Gemüse retten wollen.

Ich lehne mich hoffentlich nicht zu weit aus dem Fenster, wenn ich sage, dass eigentlich uns allen bewusst ist, dass wir weniger Lebensmittel wegwerfen sollten. Und wahrscheinlich bringt es niemand von uns leichtfertig übers Herz, Essen zu entsorgen. Aber wir müssen uns nichts vormachen: Die Lebensmittelverschwendung ist noch immer viel zu hoch.

Ich möchte da von Anfang an ganz ehrlich sein – auch ich habe nicht die Allzwecklösung parat. Denn selbst wenn es ein toller Gedanke ist, diese Verschwendung auf null zu reduzieren, ist es doch eher unrealistisch. Und ich möchte keine Ziele setzen, die ich selbst nicht einhalten kann. Vielmehr geht es mir darum, ein Bewusstsein dafür zu schaffen und die Wertschätzung von Lebensmitteln wieder in den Mittelpunkt zu rücken. Außerdem möchte ich aufzeigen, dass es einfache Methoden gibt, um mithilfe von leckeren und unkomplizierten Rezepten die Verschwendung von Obst und Gemüse zu reduzieren – und damit auf jeden Fall einen Schritt in die richtige Richtung zu gehen.

Wie kann ich überhaupt Obst und Gemüse retten?

Es gibt unterschiedliche Möglichkeiten, Obst und Gemüse zu retten. Und die Art und Weise kann für jeden Menschen anders aussehen. So kann man beispielsweise beim Einkaufen nicht nur nach den optisch perfekten Exemplaren greifen, sondern vielleicht auch nach den nicht so optimal aussehenden und etwas reiferen. Das ist insbesondere dann eine gute Idee, wenn man sie sowieso sofort verspeisen oder verarbeiten möchte. Häufig sind diese vor allem in kleineren Läden sogar preislich reduziert, sodass man damit zusätzlich noch etwas Geld sparen kann.

Gerade in größeren Städten finden sich aber auch zahlreiche Initiativen, die Lebensmittel vor dem Wegwerfen retten. Dazu holen diese zumeist die Produkte, die nicht mehr verkauft würden, direkt bei den Betrieben ab und verteilen sie an ihre Mitglieder oder gemeinnützige Organisationen. Hier empfiehlt es sich, bei den Initiativen vor Ort nachzufragen.

Ganz unabhängig vom Wohnort gibt es außerdem die Möglichkeit, sich Gemüsekisten, teilweise sogar direkt vom Bauern, nach Hause liefern zu lassen. Dabei werden oft krumme Exemplare gerettet, die es aufgrund kleinerer Schönheitsfehler nicht in den Handel geschafft haben, aber genauso gut schmecken wie makellose. So erhält man in regelmäßigen Abständen eine Überraschungsbox voller leckerer und optisch individueller Erzeugnisse.

Und natürlich können wir zuallererst damit beginnen, die Lebensmittel, die wir bereits daheim haben, zu verbrauchen – ganz unabhängig davon, woher wir sie haben. Dass das tatsächlich einfach und unkompliziert sein kann, spiegeln die 60 Rezepte in diesem Buch wider.

Welchen Einfluss hat Lebensmittelverschwendung auf unsere Umwelt?

Wahrscheinlich kennen die meisten von uns den Satz »Iss deinen Teller auf, dann gibt es morgen gutes Wetter« oder einen ähnlichen Spruch der Eltern aus der Kindheit. Selbstverständlich wissen wir, dass dieser

Zusammenhang damals lediglich als Erziehungsmaßnahme erdacht wurde, und doch stimmt es, dass unser Essverhalten einen großen Einfluss auf das Klima hat: Dass tierische Produkte zu den klimaschädlicheren zählen, wird den meisten mittlerweile bewusst sein. Und auch Lebensmittelverschwendung wirkt sich negativ auf unsere Umwelt aus.

Wir werfen nicht nur das Lebensmittel an sich weg, sondern gleichzeitig die Ressourcen, die in dessen Anbau oder Produktion geflossen sind. Dazu zählen Ackerböden, Wasser, Düngemittel, Verpackungsmaterialien sowie fossile Brennstoffe für die Maschinen und Transportmittel. Entsprechend führt die Vermeidung von Lebensmittelverschwendung zu weniger Ressourcenverbrauch und hat somit einen positiven Einfluss auf das Klima (Quelle: *welthungerhilfe.de*).

Natürlich fängt diese Verschwendung nicht erst in den Privathaushalten an. Auch in der Produktion oder im Handel landet zu viel Essen im Müll. Doch das ist ein Thema für die Politik und Wirtschaft. Trotzdem können wir als einzelne Personen einen entscheidenden Beitrag dazu leisten, die Verschwendung zu reduzieren und die Wertschätzung für frische Erzeugnisse zu erhöhen. Denn rund die Hälfte aller Lebensmittelabfälle wird in den privaten Haushalten produziert (Quelle: *bmle.de*).

Die Gründe dafür sind vielfältig. Vielleicht hat man bei der Arbeit wieder Überstunden machen müssen und statt des geplanten Abendessens gab es dann etwas vom Lieferservice. Oder man hat sich spontan mit Freunden beim Italiener verabredet. Oder die Kinder sind krank und es fehlt die Zeit zum Kochen. Diese Liste könnte man wahrscheinlich problemlos noch ewig weiterführen.

Ich möchte ganz ehrlich sein: Auch ich kann mich nicht völlig davon freisprechen, ab und zu landen bei mir ebenfalls Lebensmittel im Müll. Restlos alle Produkte aufzubrauchen, die wir zu Hause haben, lässt sich mit dem Alltag oft nur schwer vereinbaren. Aber wenn sich jeder von uns bemüht, zumindest weniger wegzuwerfen, sind wir bereits auf dem richtigen Weg.

Eventuell stellst du dir an dieser Stelle beim Lesen die berechtigte Frage, warum es in diesem Buch nur um die Verwertung von Obst und Gemüse geht. Schließlich werfen wir genauso Milchprodukte, Backwaren, Wurstwaren und, und, und weg. Doch den größten Anteil an vermeidbaren Lebensmittelabfällen machen tatsächlich Obst und Gemüse aus. Laut Studien landen in Deutschland durchschnittlich rund 75 kg Lebensmittel pro Kopf im Müll. Und davon sind etwa 35 Prozent Obst und Gemüse (Quelle: *bmle.de*).

Daher habe ich mich in diesem Buch auf diese beiden Gruppen konzentriert und möchte gerne aufzeigen, wie abwechslungsreich und vielfältig deren Verwertung sein kann. Und wer da auf den Geschmack gekommen ist, schafft es dann vielleicht, auch allgemein mehr der Lebensmittel zu verbrauchen, die schon eingekauft sind. Denn letztendlich ist es doch angenehmer, sie in leckeren Gerichten zu verarbeiten, als sie mit schlechtem Gewissen in die Mülltonne zu geben.

Gemüse retten – Genuss statt Pflicht

Für mich muss Essen vor allem zwei Bedingungen erfüllen: Es muss mir schmecken und es sollte aus möglichst viel Obst oder Gemüse bestehen.

Der zweiten Vorgabe entsprechen die Rezepte in diesem Buch auf jeden Fall, auch wenn sie dadurch nicht automatisch gleichzeitig gesund sind. Denn selbstverständlich ist ein Kuchen immer noch kein wirkliches »Health Food«, nur weil er Zucchini oder Kürbis enthält. Aber ich bin fest davon überzeugt, dass Genuss in Maßen absolut in Ordnung ist.

Und was meine erste Bedingung betrifft: Ob sämtliche in diesem Buch vorgestellten Gerichte zum Retten von Obst und Gemüse jedem munden, kann ich natürlich nicht garantieren, denn die Geschmäcker sind ja bekanntlich verschieden – meinen Testessern und mir haben sie zumindest große Freude bereitet. Was ich aber mit Sicherheit sagen kann, ist, dass für alle möglichen Situationen etwas Passendes dabei ist: Suppen für die kalte Jahreszeit; Salate für den Sommer;

schnelle Rezepte aus wenigen Zutaten für stressige Tage; Gerichte, die mit unterschiedlichen Gemüsesorten zubereitet werden und somit perfekt sind, um das Gemüsefach zu leeren, und umgekehrt solche, für die man nur eine einzige Sorte Obst oder Gemüse benötigt. Und auch leckere Kuchen für das Wochenende fehlen nicht. Last but not least zeige ich dir zudem in einigen Rezepten, wie man Obst und Gemüse länger haltbar macht.

Leitfaden für die Rezepte in diesem Buch

Das Retten von Obst und Gemüse ist für uns alle, unabhängig von der Ernährungsweise, eine gute Idee. Daher war mein Ziel mit diesem Buch von Anfang an, Gerichte zu kreieren, die möglichst vielen schmecken. Damit Letzteres auch gut gelingt, hier ein paar Hintergrundinformationen zu den Rezepten, bevor du mit dem Kochen anfängst.

• Zunächst muss man wissen, dass die Rezepte vegetarisch sind, schließlich bietet sich ein Buch zur Rettung von Obst und Gemüse definitiv dafür an. Und ich bin der festen Überzeugung, dass diese Gerichte für alle passen können – unabhängig davon, ob sie sich vegetarisch ernähren oder nicht. Mit den folgenden Zubereitungen möchte ich auch dich davon überzeugen, wie herzhaft und lecker man ganz ohne Fleisch, Fisch & Co. kochen kann.

• Zudem ist ein Großteil dieser Gerichte sogar für Veganer geeignet und die Rezepte, die es nicht sind, können ganz leicht vegan umgewandelt werden. So können beispielsweise Milchprodukte durch die entsprechenden veganen Alternativen ersetzt und Speisen, die Eier enthalten, stattdessen mit Apfelmus zubereitet werden.

• In allen Rezepten werden saisonale und – mit wenigen Ausnahmen wie etwa Zitronen oder Bananen – regionale Gemüse- und Obstsorten verarbeitet. Wenn in einem Gericht mehrere Sorten verwendet werden, haben diese immer zeitgleich Saison.

• Für jedes Rezept gibt es eine Auswahl an alternativen Obst- oder Gemüsesorten. Denn auch wenn ein Gericht ursprünglich zum Beispiel mit Zucchini zubereitet wird, heißt es noch lange nicht, dass es nicht mit Aubergine genauso gut schmeckt.

• Für eine glutenfreie Ernährung können Nudeln, Sojasauce und andere getreidehaltige Produkte durch die glutenfreien Alternativen ersetzt werden. Ausnahmen sind dabei lediglich die Rezepte, in denen Mehl verarbeitet wird.

• Um die einzelnen Rezepte so übersichtlich wie möglich zu halten, habe ich folgende Symbole eingefügt. So kannst du sofort auf den ersten Blick sehen, was das Gericht zu bieten hat:

zum Einfrieren geeignet

zum Einkochen geeignet

vegan

glutenfrei

in maximal 30 Minuten zubereitet

sehr einfach

enthält nur eine Sorte Frischobst oder -gemüse (außer Basics wie Zwiebel, Schalotten oder Knoblauch sowie Zitronen)

Basisrezept, das mit den unterschiedlichsten Sorten zubereitet werden kann

HINWEIS
Haferflocken sind nicht grundsätzlich glutenfrei. Gleiches gilt für Gemüsebrühe, die zudem nicht generell vegan hergestellt wird. Für die Rezepte in diesem Buch verwende ich die jeweils veganen und glutenfreien Produkte, weshalb Rezepte mit diesen Zutaten als glutenfrei bzw. vegan gekennzeichnet sind.

Grundlagen für weniger Lebensmittelverschwendung

Auch wenn die Senkung von Lebensmittelverschwendung auf null für die meisten nicht gleich umsetzbar ist, so kann man doch mit wenigen Änderungen im Alltag deutlich mehr Obst und Gemüse retten. Und das ist nicht nur gut für unsere Umwelt, sondern ebenso für unsere Haushaltskasse. Denn durch die Reduzierung von Lebensmittelverschwendung können wir tatsächlich bares Geld sparen. Schließlich haben wir die Lebensmittel vorher bezahlt oder anderweitig darin »investiert«, zum Beispiel die Zeit, um sie im Garten oder auf der Fensterbank liebevoll hochzuziehen.

Die folgenden Tipps sind als Denkanstoß für besagte Änderungen gedacht. Mir ist bewusst, dass es manchmal dauert, seine Gewohnheiten umzustellen. Einige dieser Tipps sind da einfacher umzusetzen, andere hingegen verlangen eine gewisse Eingewöhnungszeit. Aber alle unterstützen sie dich dabei, weniger Obst und Gemüse wegzuwerfen.

Planung

Der einfachste Weg zu weniger Lebensmittelverschwendung ist Planung. Und leider gleichzeitig der schwierigste. Je besser man seine Mahlzeiten und seinen Einkauf vorab organisiert, desto weniger schmeißt man weg. Doch bringt selbst die beste Planung nichts, wenn sie dann nicht umgesetzt werden kann, weil der Alltag wieder mal dazwischenfunkt. Daher rate ich dazu, nicht unbedingt das Essen für die ganze Woche vorzuplanen, sondern Schritt für Schritt anzufangen. Vielleicht zunächst für die nächsten beiden Tage oder nur fürs Frühstück. Und keine Angst, wenn es trotzdem nicht immer klappt. Die oberste Devise beim Retten von Obst und Gemüse heißt »flexibel bleiben«. Genau an diesem Punkt setzt dieses Buch an: sich an die Situation anzupassen, sprich, Rezepte für die Lebensmittel zu finden, die gerade im Kühlschrank sind und verbraucht werden müssen.

Einkauf

Viele Lebensmittelabfälle können wir schon beim Einkauf vermeiden. Ich denke, jeder von uns kennt die Situation, mit Hunger einkaufen zu gehen – und plötzlich ist der Einkaufskorb voll mit Sachen, die wir gar nicht verbrauchen können. Gerade bei schnell verderblichen Produkten wie zum Beispiel Salaten hilft es mir da, tatsächlich sofort beim Griff danach zu überlegen, ob ich es schaffe, sie in den nächsten Tagen zu verarbeiten. Und auch die richtigen Mengen abzuschätzen, unterstützt dabei, weniger wegzuwerfen. Denn nur allzu oft werden wir von »tollen« Angeboten oder Großpackungen angelockt. Aber kriegt man es wirklich hin, drei Kilo Karotten in den nächsten Tagen aufzubrauchen? Und war das Drei-zum-Preis-von-zwei-Angebot wirklich günstiger, wenn die dritte Packung nachher im Müll landet? Das alles beim Einkauf zu berücksichtigen, braucht definitiv Zeit und Erfahrung. Doch je mehr man darauf achtet, desto leichter fällt es einem irgendwann.

Kühlschrankinventur

Ein regelmäßiger Blick in den Kühlschrank trägt ebenfalls zum Retten von Obst und Gemüse bei. Denn Produkte, die dort irgendwo vergraben sind, werden auch schnell in unserem Gedächtnis vergraben. Vielleicht kommt dir das bekannt vor: Du durchsuchst den Kühlschrank nach etwas Bestimmtem und plötzlich denkst du: »Ach, ich wusste gar nicht, dass wir das noch haben.« Daher hilft es, den Kühlschrank immer wieder aufzuräumen und die Dinge, die zeitnah wegmüssen, in die vorderste Reihe zu packen. Dadurch, dass wir sie dann jedes Mal sehen, wenn wir den Kühlschrank öffnen, erhöht sich die Wahrscheinlichkeit enorm, sie auch zu verbrauchen.

Grundstock an haltbaren Lebensmitteln

Auch bei haltbaren Lebensmitteln lohnt es sich, einen Überblick über die Vorräte zu haben. Denn mit einer guten Auswahl davon lässt sich oft schon ein sehr leckeres Essen zubereiten. Gerade zur Verwertung von Obst und Gemüse benötigt man nämlich häufig nicht unbedingt sehr viele frische Zutaten. Ich versuche daher, stets folgende haltbare Lebensmittel im Haus zu haben:

Eine Auswahl an Ölen und Essig, Reis, Nudeln (asiatische und italienische), Nüsse, Senf und Honig, unterschiedliche Mehl- und Zuckersorten, Gewürze (z. B. Salz, Pfeffer, Chili, Paprika und Zimt), Sojasauce und Gemüsebrühe, getrocknete oder gefrorene Kräuter, Apfelmus, Kichererbsen, Tomaten aus der Dose und Tomatenmark. Und natürlich Zwiebeln und Knoblauch – die beiden Grundzutaten für ein gutes, herzhaftes Essen.

Rezepte, die immer gehen

Neue Gerichte auszuprobieren, kann anstrengend sein. Und gerade wenn das Retten von Gemüse im Vordergrund steht, ist es sinnvoll, ein Standardrepertoire an Rezepten zu kennen, die mit fast jeder Sorte zubereitet werden können. So kommt Abwechslung auf den Teller, auch wenn das Rezept an sich immer nach dem gleichen Schema abläuft. Und je öfter man ein Gericht kocht, desto einfacher und schneller geht es. Ich würde daher empfehlen, dass du dir zwei bis drei Rezepte aussuchst, die fast ausschließlich aus Vorratszutaten bestehen und mit unterschiedlichem Gemüse gemacht werden können. Aus diesem Buch wären das beispielsweise der asiatische Bratreis (siehe Seite 151), die bunte Restesuppe (siehe Seite 84), der Eintopf mit buntem Gemüse (siehe Seite 93), Mixed Pickles (siehe Seite 68) oder das Stir Fry (siehe Seite 148).

Außen pfui – innen hui

Die Äpfel schrumpelig, die Schale der Karotten dunkel oder die Blätter vom Kohl welk? Ich denke, wir alle haben schon mal nicht mehr so schönes Obst oder Gemüse bei uns zu Hause vorgefunden. Das heißt aber noch lange nicht, dass sie direkt in den Müll gehören. Denn häufig sind diese »Schönheitsfehler« nur äußerlich. Statt sie also wegzuwerfen, sollte man lieber erst unter die Oberfläche schauen. Denn wenn man die Karotten oder Äpfel schält oder die äußeren Blätter des Kohls entfernt, findet man darunter oft noch ein völlig intaktes Produkt. Daher habe ich es mir zur Gewohnheit gemacht, die Lebensmittel immer genau zu inspizieren, bevor ich sie entsorge. Auch Druckstellen kann man großzügig herausschneiden. Anders sieht es dagegen bei Schimmel aus: Sobald er erkennbar ist, ist alle Hoffnung zwecklos und die betroffenen Lebensmittel gehören in den Müll.

Keine halben Sachen

Einmal angeschnittene Lebensmittel verderben deutlich schneller. Doch benötigt man für viele Gerichte häufig gar nicht das ganze Produkt, sondern nur die Hälfte. Und da man keine direkte Verwendung mehr für die andere Hälfte hat, wird diese im Kühlschrank vergessen, bis es zu spät ist. Zumindest ist das meine persönliche Beobachtung. Deswegen habe ich versucht, für dieses Buch auch Rezepte zu kreieren, mit denen man zum Beispiel den übrig gebliebenen halben Kohlkopf (siehe Seite 96, 99, 129) oder den angeschnittenen Knollensellerie (siehe Seite 93, 106) noch verbrauchen kann. Diese Rezepte können häufig recht unkompliziert als Beilage serviert werden.
Eine weitere Möglichkeit, Angeschnittenes zu verbrauchen, kann zum Beispiel das Prinzip des »Reste-Essen-Tages« sein. Anstatt für diesen Tag neu einzukaufen, werden alle angeschnittenen Lebensmittel in einem bunten Salat oder einer leckeren Suppe verwertet.

Letzte Station Gefrierfach

Wenn man abschätzen kann, dass man diese oder jene Früchte oder Gemüse nicht mehr rechtzeitig verarbeiten kann, kann man sie auch einfrieren. Mit wenigen Ausnahmen, wie Radieschen oder Gurken, kann zum Beispiel fast jede Sorte Gemüse ins Gefrierfach.
Dafür sollte es vorher kurz blanchiert werden. Dazu bei Bedarf schälen, in mundgerechte Stücke schneiden und in einem Topf mit kochendem Wasser etwa 2 Minuten blanchieren. Anschließend abgießen, mit kaltem Wasser abschrecken und portionsweise in Behältern einfrieren. Weichere Gemüsesorten wie Auberginen oder Zucchini sowie Pilze können auch roh eingefroren werden und müssen nicht zuvor blanchiert werden. Beim Obst hingegen kann jede Sorte problemlos roh eingefroren werden. Allerdings wird es nach dem Auftauen recht matschig und kann daher nur noch für Kompotts, Konfitüren oder Shakes verwendet werden.

Doch das Gefrierfach sollte wirklich nicht die erste Wahl sein. Denn selbst wenn die Lebensmittel dort länger haltbar sind, sind sie es trotzdem nicht für immer. Und leider vergisst man einmal Eingefrorenes gerne – daher auf jeden Fall mit dem Einfrierdatum beschriften und zeitnah aufbrauchen.

Teilen

Dieses Prinzip ist so simpel wie alt. Wir können Lebensmittel, die wir nicht aufbrauchen können, verteilen. Jeder Besitzer von Obstbäumen kennt das wahrscheinlich zu gut, denn häufig kann die Ernte gar nicht alleine verbraucht werden. Doch auch in einem viel kleineren Rahmen können wir teilen. Ein Beispiel: Das Gemüsefach ist voll, aber du verreist demnächst? Vielleicht kannst du das Obst und Gemüse daraus, das aller Wahrscheinlichkeit nach die Dauer deiner Reise nicht überleben wird, einfach verschenken. Da kannst du im engen Kreis anfangen, bei der Familie oder den Nachbarn. Oder natürlich, falls bei dir in der Nähe vorhanden, einfach zum Foodsharing gehen. So haben die Produkte zumindest noch eine Chance, verbraucht zu werden.

Die richtige Aufbewahrung

Einen großen Teil an Obst und Gemüse kann man zu Hause schon retten, indem man es richtig aufbewahrt. Denn je nachdem, wie sie gelagert werden, sind sie deutlich länger haltbar – oder eben bei falscher Aufbewahrung kürzer. Natürlich gibt es aber auch Sorten, die trotz korrekter Lagerung schnell verderben.

Mir persönlich verhilft das Wissen darüber, was wie lange hält, bereits beim Einkaufen zur richtigen Entscheidung. Gerade bei Sorten, die nicht lange lagerfähig sind, überlege ich mir immer direkt, ob ich sie in den nächsten Tagen aufbrauchen kann. Und wenn das nicht der Fall ist, dann landen sie auch nicht in meinem Einkaufskorb. Auf der anderen Seite greife ich bei lang haltbaren Sorten wie Zwiebeln oder Äpfeln gerne zu, sodass ich immer einen Grundstock daran und damit eben an bestimmtem Obst und Gemüse vorrätig habe. Außerdem sind Zwiebeln und Äpfel vielfältig verwendbar, sodass es auf jeden Fall ein Rezept gibt, um sie noch zu verbrauchen, bevor sie wegmüssten.

Die folgende Übersicht stellt eine erste Orientierung für dich dar, wie die unterschiedlichen Lebensmittel bestmöglich aufbewahrt werden sollten. Darin sind die jeweiligen Sorten so eingeteilt, dass sie alle in einem gewissen Umfang ähnliche Lagerbedingungen haben.

Eine Regel gilt ausnahmslos für sämtliche Sorten: Sobald Obst oder Gemüse einmal angeschnitten wurde, muss es gut abgedeckt im Kühlschrank aufbewahrt und innerhalb weniger Tage verbraucht werden.

BEEREN: Blaubeere, Brombeere, Erdbeere, Himbeere, Johannisbeere, Stachelbeere.
Beeren zählen zu den Sorten, die unabhängig von der Lagerung nicht sehr lange haltbar sind. Insbesondere Brombeeren, Erdbeeren und Himbeeren sollten innerhalb von 1–2 Tagen verbraucht werden. Damit sie aber überhaupt so lange gelagert werden können, sollten matschige und weiche Exemplare umgehend aussortiert werden. Bis zum Verzehr sollten Beeren dann ungewaschen im Kühlschrank aufbewahrt werden. Was das Waschen betrifft, ist es besser, die Beeren in einem Wasserbad zu säubern und nicht abzuspülen. Denn der harte Wasserstrahl kann die zarten Früchtchen matschig machen. Nach dem Waschen immer gut abtropfen lassen und in einer mit Küchenkrepp ausgelegten Schüssel lagern. Das Papier saugt die übrige Feuchtigkeit gut auf.

KERNOBST: Apfel, Birne, Quitte.
Kernobst ist richtig gelagert monatelang haltbar. Dabei ist es wichtig, es an einem kühlen und dunklen Ort aufzubewahren. Idealerweise wäre das ein Keller oder die Garage. Wer keins von beiden hat, kann es in den Kühlschrank geben.
Man sollte außerdem darauf achten, Kernobst – und allen voran Äpfel – getrennt von anderen Sorten zu lagern. Denn Äpfel produzieren besonders viel Ethylen. Das ist ein Gas, das den Reifeprozess anderer Obst- und Gemüsesorten beschleunigt und so zu einem schnelleren Verderben führt.

STEINOBST: Aprikose, Nektarine, Pfirsich, Pflaume, Zwetschge.
Steinobst kann theoretisch im Kühlschrank gelagert werden. Allerdings schmecken die Früchte am aromatischsten, wenn sie nicht zu kalt sind. Daher bewahre ich sie zumindest in kleinen Mengen gerne bei Zimmertemperatur auf. So können feste Früchte auch noch nachreifen. Ist das Obst aber einmal reif, sollte es möglichst zeitnah verwertet werden und bis dahin dann in den Kühlschrank gegeben werden.

SÜDFRÜCHTE: Ananas, Avocado, Banane, Kiwi, Mango, Papaya.
Südfrüchte sind sehr kälteempfindlich (das ist unter anderem auch der Grund, warum sie in Deutschland nicht angebaut werden können und importiert werden müssen). Sie sollten daher auf keinen Fall im Kühlschrank gelagert werden, denn dort verlieren sie ihr tolles Aroma. Deswegen stattdessen bei Zimmertemperatur aufbewahren. Bei der Lagerung ist darauf zu achten, dass die Früchte nicht gestapelt werden. Denn sie sind sehr druckempfindlich und an Druckstellen bildet sich relativ schnell Schimmel.

ZITRUSFRÜCHTE: Grapefruit, Limette, Orange, Pomelo, Zitrone.
Zitrusfrüchte sollten ebenfalls nicht im Kühlschrank bevorratet werden. Denn auch sie mögen keine Kälte. Sie bleiben am längsten haltbar, wenn sie zwischen 10 und 18 °C aufbewahrt werden, also zum Beispiel in einem Vorratsraum oder einem anderen unbeheizten Raum. Wenn sie aber ohnehin innerhalb der nächsten Tage verbraucht werden sollen, dann können sie einfach bei Zimmertemperatur gelagert werden.

BLATTSALAT/STIELGEMÜSE: Chicorée, Feldsalat, Kopfsalat, Mangold, Rhabarber, Spargel, Spinat, Staudensellerie, Radicchio, Romanasalat, Rucola.
Die Haltbarkeit hängt hier ganz stark von der Dicke der Blätter ab. Als Faustregel gilt: Je feiner die Blätter sind, desto schnell welken sie. Unabhängig davon sollte man Salate und Stielgemüse immer im Gemüsefach lagern und darauf achten, dass nichts Schweres auf ihnen liegt. Werden sie nämlich gequetscht, werden die Blätter schnell matschig.

Nach Möglichkeit sollte das Gemüse erst unmittelbar vor dem Verzehr gewaschen werden. Und wenn doch mal mehr Salat gewaschen als gebraucht wurde, muss er unbedingt gut getrocknet werden. Dann kann er in einem feuchten Tuch eingeschlagen noch für 1–2 Tage in den Kühlschrank. Auch Stielgemüse bleibt in einem feuchten Tuch eingeschlagen länger knackig.

FRUCHTGEMÜSE: Aubergine, Bohne, Erbse, Kürbis, Paprika, Tomate, Zucchini.
Fruchtgemüse ist mit Ausnahme von Kürbis nicht sehr lange lagerfähig und dazu noch recht anspruchsvoll in der Aufbewahrung. Ideal ist ein trockener Ort zwischen 10 und 15 °C, wobei es sich selbst da nur 1–2 Wochen hält. Der geeignete Ort wäre daher wieder ein Vorratsraum oder eine Garage. Im Kühlschrank ist es zu feucht für Fruchtgemüse, weshalb sich schnell Schimmel bilden kann. Bei zu warmen Temperaturen

dagegen wird es rasch weich. Deswegen generell lieber nur so viel kaufen, wie in den nächsten Tagen verwertet werden kann.
Eine Besonderheit stellen Tomaten dar. Denn ebenso wie die Äpfel enthalten sie viel Ethylen. Daher sollten auch sie getrennt von anderem Obst und Gemüse gelagert werden.

KOHLGEMÜSE: Blumenkohl, Brokkoli, Chinakohl, Kohlrabi, Mairübe, Pak Choi, Rosenkohl, Rotkohl, Spitzkohl, Weißkohl, Wirsing.
Kohlgemüse kann problemlos im Gemüsefach des Kühlschranks aufbewahrt werden. Wichtig ist dabei, Außenblätter bzw. Grün zu entfernen. Denn sie entziehen dem Gemüse das Wasser und es wird schneller weich. Das Grün von Blumenkohl, Kohlrabi oder Mairübe ist übrigens essbar.
Einige Kohlsorten halten deutlich länger, wenn man sie in ein feuchtes Küchentuch wickelt und dann in das Gemüsefach legt. Und sind bei Kohlköpfen die äußeren Blätter etwas trocken geworden, findet man, wenn man die erst einmal entfernt hat, darunter oft noch knackige und frische.

WURZELGEMÜSE/KNOLLENGEMÜSE: Fenchel, Karotte, Knollensellerie, Pastinake, Petersilienwurzel, Radieschen, Rote Bete.
Wurzel- oder Knollengemüse zählt zu den lange haltbaren Sorten. So ist es im Gemüsefach des Kühlschranks 2–3 Wochen lagerfähig. Auch hier muss dafür im Vorfeld das Grün abgeschnitten werden, da die Gemüse sonst zu schnell weich werden. Es lässt sich hervorragend verwerten und muss nicht entsorgt werden.
Damit Wurzel- oder Knollengemüse noch länger hält, sollte es ebenfalls in ein feuchtes Tuch eingeschlagen und am besten erst vor dem Verzehr gewaschen werden. Ist es trotzdem mal schrumpelig geworden, einfach für ein paar Stunden in kaltes Wasser legen. So saugt es sich nämlich damit voll und wird wieder schön knackig.

ZWIEBELGEMÜSE UND LAUCHGEWÄCHSE: Frühlingszwiebel, Knoblauch, Lauch und Zwiebel.
Zwiebeln und Knoblauch müssen auf jeden Fall kühl und dunkel aufbewahrt werden. Denn bei Licht und Wärme fangen sie an zu keimen. Außerdem mögen sie Kälte und Trockenheit, bei zu viel Luftfeuchtigkeit schimmeln sie schneller. Ideal ist daher ein trockener Keller, wo sie monatelang liegen bleiben können. In der Wohnung ist die Lagerung im Netz oder im Korb in einem Vorratsraum mit guter Luftzirkulation die richtige Wahl.
Lauch und Frühlingszwiebeln hingegen gehören besser in den Kühlschrank, und zwar idealerweise in ein feuchtes Tuch eingeschlagen. So bleiben sie knackig und man verhindert gleichzeitig, dass sie ihren Geruch an anderes Obst oder Gemüse abgeben.

KRÄUTER: Dill, Koriander, Petersilie, Schnittlauch, Bärlauch, Rosmarin, Thymian etc.

- Frische Kräuter im Bund wie Dill, Koriander, Petersilie etc. bleiben bis zu 2 Wochen frisch, wenn man sie in einem Glas mit Wasser in den Kühlschrank stellt. Dabei das Wasser jeden zweiten Tag auswechseln. Welke Stängel sollten stets sofort entfernt und die Kräuter immer erst vor dem Gebrauch gewaschen werden.
- Zarte Kräuter wie Schnittlauch oder Bärlauch hingegen wickelt man in ein feuchtes Küchentuch und gibt sie in den Kühlschrank. Dort sind sie in der Regel 4–5 Tage haltbar.
- Kräuter mit holzigem Stiel wie Rosmarin oder Thymian werden am besten luftdicht verschlossen aufbewahrt. Die Zweige dazu in eine Tupperdose oder einen verschließbaren Gefrierbeutel legen. So lassen sie sich bis zu 2 Wochen im Kühlschrank lagern.

Der Saisonkalender

Saisonal und damit auch regional einzukaufen, hat auf den ersten Blick nicht viel mit Lebensmittelverschwendung zu tun. Und doch kann es viel dazu beitragen, die Ressourcen deutlich zu schonen.

Denn bei Obst und Gemüse aus dem Ausland fallen viel längere Transportwege an. Häufig werden sie in Treibhäusern gezüchtet und in Kühllägern aufbewahrt. All das verschlingt wahnsinnig viel Energie. Und gerade Früchte werden leider häufig in Regionen angebaut, in denen das Wasser ohnehin schon eine knappe Ressource ist. Dazu kommt meist noch, dass alle diese Ressourcen unnötigerweise verbraucht werden, nämlich wenn wir Importiertes, wie Erdbeeren im Dezember, wegwerfen, weil es nicht schmeckt oder zu schnell schimmelt.

Damit will ich nicht sagen, dass wir keine Südfrüchte mehr kaufen sollen. Aber vielleicht sollten wir sie bewusster genießen und uns vorzugsweise von den Lebensmitteln ernähren, die in den jeweiligen Jahreszeiten regional vor Ort wachsen. Und die Auswahl an saisonalen Erzeugnissen ist tatsächlich größer und vielfältiger, als wir oft denken. In den Wintermonaten gibt es darüber hinaus ein großes Angebot an Lagerware. Im Folgenden habe ich dir eine Übersicht zusammengestellt, was wann bei uns Saison hat bzw. als Lagerware (L) vorhanden ist.

JANUAR
Äpfel (L), Birnen (L), Champignons, Chicorée, Chinakohl (L), Feldsalat, Grünkohl, Karotten (L), Kartoffeln (L), Knollensellerie (L), Kürbis (L), Lauch, Rettich (L), Pastinake, Petersilienwurzel (L), Rote Bete (L), Rosenkohl, Rotkohl (L), Schwarzwurzel (L), Spitzkohl (L), Steckrüben (L), Weißkohl (L), Wirsing (L), Zwiebeln (L)

FEBRUAR
Äpfel (L), Champignons, Chicorée, Chinakohl (L), Feldsalat, Grünkohl, Karotten (L), Kartoffeln (L), Knollensellerie (L), Kürbis (L), Lauch, Rettich (L), Pastinake, Petersilienwurzel (L), Rote Bete (L), Rosenkohl, Rotkohl (L), Schwarzwurzel (L), Spitzkohl (L), Steckrüben (L), Weißkohl (L), Wirsing (L), Zwiebeln (L)

MÄRZ
Äpfel (L), Champignons, Chicorée, Chinakohl (L), Feldsalat, Karotten (L), Kartoffeln (L), Knollensellerie (L), Kürbis (L), Lauch, Pastinake, Rettich (L), Rosenkohl, Rote Bete (L), Rotkohl (L), Spinat, Spitzkohl (L), Stecküben (L), Weißkohl (L), Wirsing (L), Zwiebeln (L)

APRIL
Äpfel (L), Champignons, Chinakohl (L), Endiviensalat, Feldsalat, Karotten (L), Knollensellerie (L), Kürbis (L), Lauch, Pastinaken (L), Radieschen, Rettich (L), Rhabarber, Rote Bete (L), Spargel, Spinat, Spitzkohl (L), Weißkohl (L), Wirsing (L), Zwiebeln (L)

MAI
Bataviasalat, Blumenkohl, Champignons, Chinakohl (L), Eisbergsalat, Endiviensalat, Frühlingszwiebeln, Karotten (L), Kartoffeln (L), Knollensellerie (L), Kohlrabi, Mairübe, Mangold, Pak Choi, Pflücksalat, Radieschen, Rettich, Rhabarber, Rucola, Spargel, Spinat, Staudensellerie, Zwiebeln (L)

JUNI
Blaubeeren, Blumenkohl, Brokkoli, Champignons, Chinakohl, Eisbergsalat, Endiviensalat, Erbsen, Erdbeeren, Feldsalat, Fenchel, Frühlingszwiebeln, Gurke, Johannisbeeren, Karotte, Kartoffeln, Kirschen, Kohlrabi, Mairübe, Mangold, Pak Choi, Radieschen, Rettich, Rhabarber, Romanasalat, Rucola, Spargel, Spitzkohl, Stachelbeeren, Staudensellerie, Wirsing, Zucchini, Zuckerschoten, Zwiebeln

JULI
Aprikosen, Bataviasalat, Blaubeeren, Blumenkohl, Bohnen, Brokkoli, Brombeeren, Champignons, Chinakohl, Eisbergsalat, Endiviensalat, Erbsen, Erdbeeren, Fenchel, Frühlingszwiebeln, Gurken, Himbeeren, Johannisbeeren, Karotten, Kartoffeln, Kirschen, Knollensellerie, Kohlrabi, Lauch, Mairübe, Mangold, Mirabellen, Pak Choi, Pflaumen, Pflücksalat, Radicchio, Radieschen, Rettich, Romanasalat, Rote Bete, Rotkohl, Rucola, Spitzkohl, Stachelbeeren, Staudensellerie, Weißkohl, Wirsing, Zucchini, Zuckerschoten, Zwetschgen, Zwiebeln

AUGUST
Äpfel, Aprikosen, Aubergine, Bataviasalat, Blaubeeren, Blumenkohl, Bohnen, Brokkoli, Brombeeren, Champignons, Chinakohl, Eisbergsalat, Erbsen, Erdbeeren, Fenchel, Frühlingszwiebeln, Gurken, Himbeeren, Johannisbeeren, Karotten, Kartoffeln, Kirschen, Knollensellerie, Kohlrabi, Kürbis, Lauch, Mairübe, Mangold, Mirabellen, Pak Choi, Paprika, Petersilienwurzel, Pflaumen, Pflücksalat, Radicchio, Radieschen, Rettich, Romanasalat, Rote Bete, Rotkohl, Rucola, Spitzkohl, Stachelbeeren, Staudensellerie, Tomaten, Weißkohl, Wirsing, Zucchini, Zuckerschoten, Zwetschgen, Zwiebeln

SEPTEMBER
Äpfel, Aubergine, Bataviasalat, Birnen, Blaubeeren, Blumenkohl, Bohnen, Brokkoli, Brombeeren, Champignons, Chinakohl, Eisbergsalat, Endiviensalat, Erbsen, Erdbeeren, Fenchel, Frühlingszwiebeln, Gurke, Himbeeren, Karotten, Kartoffeln, Knollensellerie, Kohlrabi, Kürbis, Lauch, Mangold, Mirabellen, Pak Choi, Paprika, Pastinake, Petersilienwurzel, Pflaumen, Pflücksalat, Radicchio, Radieschen, Rettich, Romanasalat, Rote Bete, Rotkohl, Rucola, Spinat, Spitzkohl, Staudensellerie, Steckrüben, Tomaten, Weißkohl, Wirsing, Zucchini, Zwetschgen, Zwiebeln

OKTOBER
Äpfel, Birnen (L), Aubergine, Bataviasalat, Blumenkohl, Bohnen, Brokkoli, Champignons, Chicorée, Chinakohl, Eisbergsalat, Endiviensalat, Feldsalat, Fenchel, Frühlingszwiebeln, Karotten, Kartoffeln, Knollensellerie, Kohlrabi, Kürbis, Lauch, Mangold, Paprika, Pastinake, Petersilienwurzel, Pflücksalat, Quitten, Radicchio, Radieschen, Rettich, Rosenkohl, Rote Bete, Rotkohl, Rucola, Schwarzwurzel, Spinat, Spitzkohl, Staudensellerie, Steckrübe, Tomaten, Weißkohl, Wirsing, Zucchini, Zwetschgen, Zwiebeln

NOVEMBER
Äpfel, Birnen (L), Champignons, Chicorée, Chinakohl, Eisbergsalat, Endiviensalat, Feldsalat, Fenchel, Frühlingszwiebeln, Grünkohl, Karotten, Kartoffeln (L), Knollensellerie, Kürbis, Lauch, Pastinake, Petersilienwurzel, Quitten, Rettich (L), Rosenkohl, Rote Bete, Rotkohl, Rucola, Schwarzwurzel, Spitzkohl, Staudensellerie, Steckrübe, Weißkohl, Wirsing, Zwiebeln (L)

DEZEMBER
Äpfel (L), Birnen (L), Champignons, Chicorée, Chinakohl (L), Feldsalat, Grünkohl, Karotten (L), Kartoffeln (L), Knollensellerie (L), Kürbis (L), Lauch, Rettich (L), Pastinake, Petersilienwurzel (L), Rote Bete (L), Rosenkohl, Rotkohl (L), Schwarzwurzel (L), Spitzkohl (L), Steckrüben (L), Weißkohl (L), Wirsing (L), Zwiebeln (L)

Frühstück

Süße Frühstücksmuffins

Diese saftigen Muffins sind vor allem zum Frühstück ein Genuss. Denn sie machen satt und stecken voller gesunder Zutaten. Sie lassen sich auch wunderbar mitnehmen und sind ein toller Snack auf der Arbeit oder in der Schule. Die fertigen Muffins bleiben 2–3 Tage frisch und saftig.

Für 10 Stück
Zubereitungszeit: 15 Minuten
Backzeit: 25 Minuten

2 kleine Äpfel
60 g zarte Haferflocken
60 g gemahlene Mandelkerne
80 g Dinkelmehl Type 630
2 TL Backpulver
½ TL Zimtpulver
100 ml Milch
60 ml Sonnenblumenöl
3 EL Ahornsirup
2 Eier

Die Äpfel waschen, trockentupfen und vierteln. Das Kerngehäuse entfernen und die Äpfel in 1–2 cm große Würfel schneiden.

Die Haferflocken mit den gemahlenen Mandeln, dem Mehl, dem Backpulver sowie dem Zimt in einer Schüssel vermengen. Dann die Milch, das Sonnenblumenöl, den Ahornsirup und die Eier zu den trockenen Zutaten geben. Alles zu einem glatten Teig rühren.

Die Apfelstücke unter den Teig heben und den Teig auf Muffinförmchen verteilen. Die Muffins im vorgeheizten Backofen bei 200 °C Ober-/Unterhitze 25 Minuten backen.

Anschließend vollständig abkühlen lassen.

ALTERNATIVE
Anstelle von Äpfeln können auch Birnen verwendet werden. Die Muffins schmecken ebenfalls hervorragend mit Beeren. Dazu einfach die zwei Äpfel durch 125 g Blaubeeren oder Himbeeren ersetzen.

Herzhafte Frühstücksmuffins

Die herzhaften Muffins sind ideal für einen gemütlichen Brunch am Wochenende oder ein spätes Frühstück. Aber ich esse sie auch gerne zwischendurch als herzhaften Snack oder nehme sie mit ins Büro. Die Muffins können wunderbar für jede Eventualität vorbereitet werden und bleiben bis zu 2 Tage frisch.

Für 10 Stück
Zubereitungszeit: 15 Minuten
Backzeit: 25 Minuten

1–2 Karotten (ca. 200 g)
1 Zucchini (ca. 200 g)
100 g Bergkäse
250 g Weizenmehl Type 405 oder 550
2 TL Backpulver
1 TL Salz
100 ml Milch
100 ml Sonnenblumenöl
2 Eier

Die Karotten schälen und die Zucchini waschen. Beides sehr fein raspeln. Das Gemüse anschließend in ein sauberes Küchentuch geben und so viel Flüssigkeit wie möglich ausdrücken. Den Bergkäse fein reiben.

Das Mehl mit dem Backpulver und dem Salz in einer Schüssel vermengen. Die Milch, das Sonnenblumenöl, die Eier, das geraspelte Gemüse und den geriebenen Käse dazugeben. Die Zutaten zu einem glatten Teig verrühren.

Den Teig auf Muffinförmchen verteilen und im vorgeheizten Backofen bei 180 °C Ober-/Unterhitze 25 Minuten backen.

Anschließend die Muffins lauwarm oder kalt genießen.

TIPP
Wem Bergkäse geschmacklich zu intensiv ist, kann Cheddar oder Gouda verwenden.

ALTERNATIVE
Statt Karotten und Zucchini können auch Kürbis und Süßkartoffeln verarbeitet werden.

Baked Oat Meal

Baked Oat Meal ist der Frühstückstrend der letzten Monate. Es ist ein Haferflockenauflauf, der unglaublich sättigend ist und voller gesunder Zutaten steckt. Ich finde, er ist eine tolle Abwechslung zum Müsli oder zu Overnight Oats. Er schmeckt sowohl frisch aus dem Backofen als auch kalt am nächsten Tag und kann daher gleich für mehrere Tage vorbereitet werden.

Für 2 Personen
Zubereitungszeit: 10 Minuten
Backzeit: 25 Minuten

Für das Baked Oat Meal
150 g zarte Haferflocken
1 TL Backpulver
1 TL Zimtpulver
50 g gemahlene Mandelkerne
200 ml Milch
3 EL Ahornsirup
150 g Apfelmus
2 kleine Äpfel

Zum Anrichten (optional)
1 Handvoll gehobelte Mandelkerne

Die Zutaten für das Baked Oat Meal bis auf die Äpfel in einen Mixer geben und zu einem glatten Brei pürieren. Den Haferbrei gleichmäßig in einer Auflaufform verteilen.

Die beiden Äpfel waschen, das Kerngehäuse entfernen und die Äpfel in kleine Stücke schneiden. Die Äpfel auf dem Haferbrei verteilen und leicht eindrücken.

Den Auflauf im vorgeheizten Backofen bei 180 °C Ober-/Unterhitze 25 Minuten backen.

Anschließend etwas abkühlen lassen und vor dem Servieren optional mit den gehobelten Mandeln garnieren.

ALTERNATIVE
Anstatt der Äpfel können auch Birnen, Blaubeeren oder Himbeeren verwendet werden.

Karottenbrot

Dieses Karottenbrot zählt zu meinen absoluten Lieblingsrezepten. Die geraspelten Karotten machen es herrlich saftig und die Walnüsse verleihen ihm einen ganz tollen Biss. Aber vor allem lässt es sich schnell und unkompliziert vorbereiten. Frisch aus dem Backofen schmeckt es wunderbar mit etwas gesalzener Butter. Auch mit dem schnellen Fruchtaufstrich (siehe Seite 36) oder der Aprikosenkonfitüre (siehe Seite 61) ist es ein wahrer Genuss.

Für 1 Brot
Zubereitungszeit: 20 Minuten
Ruhezeit: 90 Minuten
Backzeit: 35–40 Minuten

½ Würfel Hefe (ca. 20 g)
2 Karotten (ca. 250 g)
125 g Walnusskerne
250 g Dinkelmehl Type 630
250 g Dinkelmehl Type 1050
10 g Salz
Margarine für die Form

Die Hefe zerbröseln und mit 250 ml lauwarmem Wasser in eine kleine Schüssel geben. So lange verrühren, bis die Hefe vollständig aufgelöst ist. Die Mischung anschließend 5 Minuten ruhen lassen.

In der Zwischenzeit die Karotten gründlich waschen (nach Bedarf schälen) und fein raspeln. Die Walnüsse grob hacken.

Die beiden Sorten Mehl mit dem Salz in einer großen Schüssel verrühren. Die geraspelten Karotten sowie das Hefe-Wasser-Gemisch dazugeben und die Zutaten 2 Minuten kneten. Dann die gehackten Walnüsse hinzufügen und den Teig weitere 3 Minuten kneten.

Den fertigen Teig abgedeckt 1 Stunde ruhen lassen. Sein Volumen sollte sich in der Zeit fast verdoppeln.

Danach den aufgegangenen Brotteig mit den Händen zu einem länglichen Laib formen. Eine Kastenform gut fetten. Den Teigling hineingeben und in der Form weitere 30 Minuten ruhen lassen.

Anschließend die Oberfläche des Teiglings mit etwas Wasser bestreichen. Das Brot im vorgeheizten Backofen bei 200 °C Ober-/Unterhitze auf mittlerer Schiene 35–40 Minuten backen.

ALTERNATIVE
Die Karotten können durch Zucchini ersetzt werden, wobei diese nicht geschält werden müssen. Allerdings sollte man sie nach dem Raspeln ausdrücken, bis so gut wie keine überschüssige Flüssigkeit mehr vorhanden ist.

Schneller Fruchtaufstrich

Dieser Fruchtaufstrich ist eine schnellere und etwas gesündere Alternative zur Marmelade oder Konfitüre. Er schmeckt wunderbar auf frischem Brot zum Frühstück, aber auch zu Pancakes, Waffeln oder als Topping auf dem Müsli. Anders als Konfitüre ist er jedoch nur 3–4 Tage im Kühlschrank haltbar.

Für 1 kleines Schraubglas
Zubereitungszeit:
10 Minuten

125 g Himbeeren
30 g Ahornsirup
1 EL Chiasamen

Die Himbeeren waschen und abtropfen lassen. Anschließend in einen Kochtopf geben und bei mittlerer Temperatur unter Rühren 3–4 Minuten erwärmen. Die Himbeeren dabei mit dem Kochlöffel immer wieder zerdrücken, bis eine stückige Sauce entsteht.

Dann den Topf von der Herdplatte nehmen und den Ahornsirup sowie die Chiasamen unterrühren.

Den heißen Fruchtaufstrich in das sterilisierte Schraubglas umfüllen und sofort fest verschließen. Bei Zimmertemperatur abkühlen lassen und anschließend im Kühlschrank aufbewahren.

ALTERNATIVE
Der schnelle Fruchtaufstrich kann statt mit Himbeeren ebenso mit Erdbeeren, Blaubeeren oder Brombeeren gemacht werden. Auch eine Mischung aus verschiedenen Beeren schmeckt wirklich lecker.

Frühstücks-Shakes

Frühstücks-Shakes sind die perfekte Resteverwertung für Obst, das schon ein bisschen länger daheim lagert. Denn je reifer es ist, desto süßer werden die Shakes. Sie machen satt und sind wirklich einfach zubereitet. Ich mache sie gerne, wenn es morgens mal schnell gehen muss. Gut gekühlt sind sie aber auch im Sommer eine schöne Erfrischung am Nachmittag.

Für je 1 großes Glas
Zubereitungszeit:
5 Minuten

Für den Erdbeer-Shake
250 g Erdbeeren
3 EL Joghurt
3 EL Haferflocken
1 EL Ahornsirup

Für den Blaubeer-Shake
100 g Blaubeeren
2 Bananen
5 EL Haferflocken
250 ml Milch

Für den Pfirsich-Shake
2 Pfirsiche
4 EL Joghurt
75 ml Milch
1 Prise Zimtpulver
2 EL flüssiger Honig

Die Beeren waschen, die Bananen schälen, die Pfirsiche waschen und entsteinen. Jeweils das Obst zusammen mit den übrigen jeweiligen Zutaten in einen Mixer geben und so lange pürieren, bis die Mischung die Konsistenz eines Shakes hat.

Den jeweiligen Shake in das große Glas füllen und sofort genießen.

TIPP
Das Obst kann auch portionsweise eingefroren werden. Wenn man es vorher klein schneidet, kann man es später direkt aus dem Gefrierfach in den Mixer geben. So geht es morgens noch schneller. Und so ein Shake ist außerdem ein absolut erfrischendes Sommergetränk.

ALTERNATIVE
Die drei Shakes sind Basisrezepte, die natürlich nach Lust und Laune verändert werden können. So können die Früchte auch untereinander ausgetauscht werden. Oder durch anderes Obst wie Aprikosen, Brombeeren, Himbeeren, Kirschen oder Nektarinen ersetzt werden.

Aufstriche, Beilagen und Dips

Paprika-Feta-Dip

Die Kombination aus cremigem Feta und gerösteter Paprika ist einfach unglaublich lecker. Und die Zubereitung denkbar leicht. Aber man braucht auf jeden Fall etwas Geduld. Deswegen empfehle ich, den Dip am Tag vorher zuzubereiten. So kann er außerdem noch etwas durchziehen und wird dadurch deutlich fester. Er schmeckt zu einer Gemüseplatte ebenso gut wie zum Grillen. Doch auch pur mit einem frischen Baguette ist er ein absoluter Genuss.

Für 1 mittelgroße Schüssel
Zubereitungszeit: 10 Minuten
Backzeit: 25–30 Minuten
Ruhezeit: 60–80 Minuten

2 rote Paprikaschoten
200 g Feta
150 g Frischkäse
Salz
frisch gemahlener schwarzer Pfeffer

Die Paprika im vorgeheizten Backofen auf der obersten Schiene bei 250 °C Ober-/Unterhitze 25–30 Minuten rösten, bis ihre Haut gleichmäßig schwarz ist.

Dann die geröstete Paprika sofort in eine große Schüssel geben, die Schüssel mit einem feuchten Küchentuch abdecken und die Paprika 20 Minuten ruhen lassen. Anschließend enthäuten und die Haut entsorgen.

Den Feta und den Frischkäse in einen Mixer geben und so lange pürieren, bis eine cremige Konsistenz entsteht.

Die Paprika zur Fetacreme geben und alles zusammen noch einmal pürieren. Den Dip mit Salz und Pfeffer abschmecken. Zuletzt für mindestens 1 Stunde in den Kühlschrank stellen, damit der Dip fest wird. Der Dip bleibt luftdicht verschlossen aufbewahrt 2–3 Tage im Kühlschrank frisch.

TIPP

Gleich mehrere Paprika rösten und diese auch für den Hummus (siehe Seite 51) anstelle der Süßkartoffel verwenden.

ALTERNATIVE

Die Paprika kann auch durch Aubergine ersetzt werden. Dazu einfach die Aubergine mehrmals mit einer Gabel einstechen und im Backofen auf der mittleren Schiene wie im Rezept angegeben backen. Anschließend die Aubergine halbieren und das Fruchtfleisch mit einem Löffel herauslösen.

Zucchini-Dip

Dieser Dip ist angelehnt an das orientalische Gericht »Lib El Kusa«, das typischerweise zur Resteverwertung von Zucchinifleisch genutzt wird. Ich mache ihn dagegen immer aus ganzen Zucchini, da er so etwas fester wird und ich die Zucchini komplett verwerten kann. Der Dip schmeckt vor allem zu Fladenbrot, ist jedoch auch als Brotaufstrich unglaublich gut. Wer nicht gerne so viel Knoblauch mag, kann dessen Menge reduzieren. Ich persönlich finde das Rezept so aber am leckersten.

Für 1 kleine Schüssel
Zubereitungszeit:
30 Minuten

2 Zucchini
4 EL Olivenöl
½ TL Salz + etwas mehr für die Knoblauchpaste und zum Abschmecken
3 Zehen Knoblauch
frisch gemahlener schwarzer Pfeffer

Die Zucchini waschen, trockentupfen und in 1–2 cm große Würfel schneiden. 3 EL Olivenöl in einem Schmortopf oder einer gusseisernen Pfanne erhitzen, die Zucchini sowie das Salz dazugeben. Einen Deckel auf den Topf setzen und die Zucchini 15–20 Minuten schmoren lassen, bis sie weich sind. Dabei ab und zu umrühren, sodass nichts anbrennt.

In der Zwischenzeit den Knoblauch abziehen und fein hacken (alternativ kann der Knoblauch auch fein gerieben werden). Mit 1 Prise Salz in einem Mörser zu einer Paste zerstoßen.

Die Knoblauchpaste zu den Zucchini geben und alles ohne Deckel etwa 5 Minuten weiterschmoren lassen, bis die überschüssige Flüssigkeit verdampft ist. Dabei die Zucchini mit dem Kochlöffel zerdrücken, bis eine dipartige Konsistenz entsteht.

Dann den Topf von der Herdplatte nehmen und den Dip kurz abkühlen lassen. Anschließend mit dem restlichen Olivenöl (1 EL) vermengen. Mit Salz und Pfeffer abschmecken und servieren. Im Kühlschrank bleibt der Dip 3–4 Tage frisch.

ALTERNATIVE
Der Dip kann auch mit Kürbis gemacht werden. Dazu lediglich am Anfang etwas Wasser mit in den Topf geben, da der Kürbis weniger Flüssigkeit enthält und ansonsten zu schnell anbrennen würde.

Aivar

Aivar, das rote Paprikapüree aus der Balkanküche, schmeckt als Dip oder Brotaufstrich. Und eignet sich außerdem als Beilage zum Grillen oder als Basis für eine Nudelsauce. Das Tolle ist, dass man den Schärfegrad ganz leicht selbst bestimmen kann. Wer es gerne feurig mag, gibt einfach noch etwas mehr Chiliflocken hinzu. Natürlich kann man sie aber auch komplett weglassen.

Für 1 mittelgroßes Schraubglas
Zubereitungszeit: 10 Minuten
Backzeit: 25–30 Minuten
Ruhezeit: 20 Minuten

2 rote Paprikaschoten
1 kleine Aubergine
2 EL Olivenöl
1 EL Weißweinessig
½ TL Chiliflocken (optional)
Salz
frisch gemahlener schwarzer Pfeffer

Die Paprika waschen, trockentupfen und halbieren. Das Kerngehäuse entfernen und die Paprikahälften mit der Schnittseite nach unten auf ein mit Backpapier ausgelegtes Backblech legen. Die Aubergine waschen und trockentupfen. Von außen mehrmals kräftig mit einer Gabel einstechen und auf ein separates, mit Backpapier ausgelegtes Backblech geben.

Den Backofen auf 250 °C Ober-/Unterhitze vorheizen. Die Paprika auf der obersten Schiene und die Aubergine auf der mittleren Schiene einschieben und 25–30 Minuten rösten. Die Paprika sollte gleichmäßig schwarz und die Aubergine sehr weich sein.

Anschließend das geröstete Gemüse zusammen in eine große Schüssel geben und diese mit einem feuchten Küchentuch abdecken. 20 Minuten ruhen und abkühlen lassen. Dann die Aubergine halbieren, das Fruchtfleisch mit einem Löffel herauslösen und die Schale entsorgen. Die Haut der Paprika mit den Händen abziehen und entsorgen.

Die Paprika und die Aubergine mit dem Olivenöl und dem Weißweinessig in einen Mixer geben und pürieren. Optional die Chiliflocken hinzufügen und mit Salz sowie Pfeffer abschmecken. Luft dicht verschlossen ist das Aivar im Kühlschrank bis zu 5 Tage haltbar.

TIPP

Falls das Aivar zu flüssig geworden ist, kann man es noch in einem Topf bei niedriger Temperatur einköcheln lassen. Dazu einfach so lange köcheln lassen und umrühren, bis die gewünschte Konsistenz erreicht ist.

ALTERNATIVE

Anstelle der Paprika können Tomaten verwendet werden. Und statt der Aubergine Zucchini. Dann ist es zwar kein traditionelles Aivar mehr, aber trotzdem ein sehr leckerer Dip.

Acili Ezme

Acili Ezme ist eine Gemüsepaste aus der türkischen Küche. Ich habe dieses Rezept jedoch so angepasst, dass es mit Zutaten gemacht werden kann, die überall zu finden sind. Die scharfe Paste eignet sich hervorragend zum Dippen von Fladenbrot, passt aber auch zu Nachos oder zu Wraps anstelle von Salsa. Der Schärfegrad kann nach persönlichem Geschmack selbst variiert werden.

Für 1 mittelgroße Schüssel
Zubereitungszeit: 10 Minuten

2 rote Paprikaschoten
2 Fleischtomaten
1 rote Zwiebel
5 Stängel Petersilie
1 EL Tomatenmark
1 TL scharfes Paprikapulver
3 EL Olivenöl
Saft von 1 Zitrone
Salz
frisch gemahlener schwarzer Pfeffer
1 TL Chiliflocken (optional)

Die Paprika und die Tomaten waschen und trockentupfen. Das Kerngehäuse der Paprika und den Strunk der Tomaten entfernen. Paprika und Tomaten in grobe Stücke schneiden. Die Zwiebel abziehen und vierteln. Die Petersilie waschen, trockenschütteln und grob hacken.

Die Paprika und die Tomaten mit der Zwiebel, der Petersilie, dem Tomatenmark und dem Paprikapulver in einen Mixer geben und pürieren.

Die Masse in einem feinmaschigen Sieb abtropfen lassen, bis eine feste Paste entsteht. Nach Belieben mit einem Löffel ausdrücken, dann geht es schneller.

Die Paste mit dem Olivenöl und dem Zitronensaft vermengen und mit Salz und Pfeffer abschmecken. Optional Chiliflocken hinzufügen, bis der gewünschte Schärfegrad erreicht ist.

In einer Schale anrichten. Die Gemüsepaste ist abgedeckt aufbewahrt im Kühlschrank 2–3 Tage haltbar.

TIPP

Die Abtropfflüssigkeit kann 1–2 Tage im Kühlschrank aufbewahrt werden und ist eine tolle Basis für eine leckere Nudelsauce.

ALTERNATIVE

Es können statt der roten auch grüne Paprika oder Spitzpaprika verwenden werden. Anstelle der Fleischtomaten eignen sich Kirschtomaten.

Raita

Raita ist ein indischer Dip auf Joghurtbasis. Er wird traditionell zu Currys oder Naan-Brot gereicht, schmeckt jedoch genauso gut zu einer Gemüseplatte oder zu Gemüsebratlingen. Das Tolle an Raita ist, dass es keine festen Zutaten gibt. Daher können sowohl Gemüse als auch Kräuter nach Belieben ausgetauscht werden. Mir persönlich schmeckt die Variante mit Gurke, Paprika und Koriander am besten.

Für 1 große Schüssel
Zubereitungszeit:
10 Minuten

250 g Joghurt
½ TL Salz + etwas mehr zum Abschmecken
¼ TL gemahlener Kreuzkümmel
¼ TL Chiliflocken
1 kleine rote Zwiebel
½ Salatgurke
½ grüne Paprikaschote
frisch gemahlener schwarzer Pfeffer
10 Stängel Koriander
1 kleine rote Chilischote (optional)

Den Joghurt in die Schüssel geben und mit dem Salz, dem Kreuzkümmel sowie den Chiliflocken verrühren.

Die Zwiebel abziehen und fein hacken. Die Gurke nach Belieben schälen und in kleine Würfel schneiden. Die Paprika waschen und das Kerngehäuse entfernen. Ebenfalls in kleine Würfel schneiden.

Die Zwiebel, die Gurke und die Paprika zu dem Joghurt geben und miteinander vermengen. Mit Salz und Pfeffer abschmecken.

Den Koriander waschen und trockenschütteln. Die Blätter abzupfen und grob hacken. Die Chilischote, falls verwendet, waschen, vom Kerngehäuse befreien, in feine Ringe schneiden und auf dem Joghurtdip verteilen. Das Raita mit dem Koriander bestreuen und sofort servieren.

ALTERNATIVE
Raita kann statt mit Gurke auch mit Tomaten gemacht werden. Anstelle der grünen Paprika kann gelbe oder rote verarbeitet werden. Frühlingszwiebeln oder Minze schmecken ebenfalls gut dazu.

Hummus mit Gemüse

Hummus gehört ganz klar zu meinen Lieblingsdips. Deswegen habe ich auch fast immer eine Portion davon im Kühlschrank stehen. Ich esse ihn gerne als Brotaufstrich sowie zu Falafeln (siehe Seite 125) oder einer bunten Gemüseplatte. Außerdem kann Hummus vielfältig verfeinert und ergänzt werden, sodass er nie langweilig wird. Und mit geröstetem Gemüse zubereitet schmeckt er sogar noch besser!

Für 1 große Schüssel
Zubereitungszeit: 10 Minuten
Backzeit: 20–25 Minuten

Für den Hummus
1 kleine Süßkartoffel (ca. 200 g)
2 EL Olivenöl
1 Dose Kichererbsen (ca. 400 g)
1 unbehandelte Zitrone
3 EL Tahini (Sesampaste; erhältlich in gut sortierten Supermärkten)
¼ TL gemahlener Kreuzkümmel
Salz
frisch gemahlener schwarzer Pfeffer

Zum Anrichten (optional)
1 EL Olivenöl
1 EL Sesam
½ TL Paprikapulver

Die Süßkartoffel schälen und in 3 cm große Stücke schneiden. Mit 1 EL Olivenöl vermengen und auf einem Backblech verteilen. Die Süßkartoffel im vorgeheizten Backofen bei 200 °C Ober-/Unterhitze 20–25 Minuten backen.

In der Zwischenzeit die Kichererbsen abgießen, gründlich abspülen und gut abtropfen lassen. Die Schale der Zitrone abreiben und die Zitrone auspressen.

Die fertig gebackenen Süßkartoffeln aus dem Backofen nehmen. Mit den Kichererbsen, dem Zitronenabrieb, dem Zitronensaft, dem restlichen Olivenöl (1 EL) sowie dem Tahini in einen Mixer geben und pürieren. Mit dem Kreuzkümmel, Salz und Pfeffer würzen. Esslöffelweise etwa 4–5 EL kaltes Wasser hinzufügen, bis der Hummus eine cremige Konsistenz hat.

Den Hummus in eine Schüssel füllen und optional mit Olivenöl, Sesam und Paprikapulver garnieren. Der Hummus kann abgedeckt bis zu 4 Tage im Kühlschrank aufbewahrt werden.

ALTERNATIVE
Gerösteter Kürbis, Paprika oder Rote Bete passen auch wunderbar anstelle der Süßkartoffel zu dem Hummus.

Spinatpesto

Dieses schnelle Pesto aus Spinat schmeckt wunderbar zu Pasta oder Gnocchi. Ich mache es gerne, wenn ich wenig Zeit zum Kochen habe und dennoch etwas Leckeres auf den Tisch bringen möchte. Aber ich verwende das Pesto auch zum Verfeinern von Salatdressings oder Saucen. Dazu einfach 1–2 TL des Pestos dazugeben und gut verrühren.

Für 1 kleines Schraubglas
Zubereitungszeit:
10 Minuten

1 Bund Blattspinat (ca. 75 g)
20 g Pinienkerne
125 ml Olivenöl
30 g Parmesan
Salz
frisch gemahlener schwarzer Pfeffer

Den Spinat gründlich waschen und mit einem Küchentuch trockentupfen.

Die Pinienkerne in einer Pfanne ohne Fettzugabe bei hoher Temperatur anrösten. Dabei darauf achten, dass sie schön braun werden, aber nicht verbrennen.

Den Spinat mit den Pinienkernen, dem Olivenöl und dem Parmesan in einen Mixer geben und zu einem Pesto pürieren. Nach Belieben mit Salz und Pfeffer abschmecken.

Das Pesto sofort verwenden. Oder in ein sterilisiertes Schraubglas geben, fest verschließen und im Kühlschrank aufbewahren, es ist dort 4–5 Tage haltbar.

ALTERNATIVE
Anstelle des Spinats können auch Feldsalat, Radieschenblätter oder Rucola verwendet werden.

Caponata

Caponata ist ein sizilianisches Schmorgericht, das klassischerweise als warme Gemüsebeilage oder kalt als Antipasti serviert wird. Ich bereite die Auberginen allerdings immer separat im Backofen zu. Denn so bekommen sie einen richtig guten Geschmack und saugen nicht zu viel Öl auf. Ich bin mir sicher, dass es in dieser Variante auch Auberginen-Skeptikern schmecken wird.

Für 2 Personen
Zubereitungszeit: 20 Minuten
Backzeit: 20 Minuten

Für die Caponata
- 2 Auberginen
- 4 EL Olivenöl
- ½ TL Salz + etwas mehr zum Abschmecken
- 2 Zwiebeln
- 1 Zehe Knoblauch
- 1 Stange Sellerie
- 5 Stängel Petersilie
- 2 Fleischtomaten
- 10 grüne Oliven ohne Stein
- 1 EL Kapern
- 1 TL Zucker
- 1,5 EL Branntweinessig
- ½ TL getrockneter Oregano
- frisch gemahlener schwarzer Pfeffer

Zum Anrichten (optional)
- 2 Stängel Oregano
- 2 Stängel Petersilie

Die Auberginen waschen, trockentupfen und in 3 cm große Würfel schneiden. Mit 2 EL Olivenöl und dem Salz vermengen. Auf einem Backblech verteilen und im vorgeheizten Backofen bei 200 °C Ober-/Unterhitze 20 Minuten backen.

In der Zwischenzeit die Zwiebeln sowie den Knoblauch abziehen und beides fein hacken. Den Sellerie waschen, schälen und in feine Streifen schneiden. Die Petersilie waschen und trockenschütteln. Die Blätter abzupfen, die Stiele fein und die Blätter grob hacken. Die Tomaten waschen, vom Strunk befreien und in kleine Würfel schneiden.

Das restliche Olivenöl (2 EL) in einem Schmortopf oder einer gusseisernen Pfanne erhitzen. Die Zwiebeln darin 2 Minuten anschwitzen. Dann den Knoblauch, den Sellerie und die Petersilienstängel dazugeben und weitere 3 Minuten anschwitzen.

Anschließend die Oliven grob hacken und mit den Kapern hinzufügen. Den Zucker sowie den Essig dazugeben und gut verrühren. Die Temperatur auf niedrige Stufe reduzieren und die Tomaten, die Petersilienblätter und den Oregano hinzufügen. Alles mit geschlossenem Deckel 10 Minuten köcheln lassen.

Die fertig gebackenen Auberginen aus dem Ofen nehmen, zu dem anderen Gemüse geben und vermengen. 2–3 Minuten weiterköcheln lassen. Zuletzt mit Salz und Pfeffer abschmecken.

Die Caponata optional mit dem Oregano und der Petersilie garnieren. Im Kühlschrank kann sie 3–4 Tage aufbewahrt werden.

ALTERNATIVE
Das traditionelle Gericht wird nur mit Aubergine gemacht. Aber man kann stattdessen auch Zucchini verwenden und noch Paprika dazugeben.

Schnell eingelegte Zwiebeln

Dieses Rezept ist eine perfekte Verwertung von nicht mehr ganz so knackigem Gemüse. Denn durch den heißen Sud wird es sowieso weich. Anders als beim »richtigen« Einlegen muss hier das Gemüse nur wenige Minuten durchziehen. Dadurch kann es sofort serviert werden. Ich reiche es gerne als Topping von bunten Bowls, zu Burgern oder auch als Beilage zu einer Brotzeit.

Für 2 Personen
Zubereitungszeit: 5 Minuten
Ruhezeit: 10 Minuten

2 rote Zwiebeln
80 ml Apfelessig
3 TL Zucker
2 TL Salz

Die Zwiebeln abziehen, in feine Ringe schneiden und in eine Schüssel geben.

Den Apfelessig in einem Topf mit dem Zucker und dem Salz verrühren und zum Kochen bringen. So lange köcheln lassen, bis Zucker und Salz vollständig aufgelöst sind.

Den heißen Sud sofort über die Zwiebeln gießen und diese 5–10 Minuten durchziehen lassen. Das eingelegte Gemüse kann sofort serviert und/oder luftdicht verschlossen 2–3 Tage im Kühlschrank aufbewahrt werden.

ALTERNATIVE
Das Rezept kann statt mit Zwiebeln mit unterschiedlichstem anderem Gemüse zubereitet werden. Ich verwende zum Beispiel Gurken, Radieschen oder Rettich. Aber auch mit Kohl, wie zum Beispiel Spitzkohl oder Rotkohl, ist es ein wunderbarer Genuss.

Für den Vorrat

Aprikosenkonfitüre

Selbst gemachte Konfitüre ist perfekt, um große Mengen an reifem Obst auf einmal zu verarbeiten. Außerdem kann man so direkt einen Vorrat für mehrere Monate anlegen und hat auch im Winter noch was von den schönen, süßen Früchten. Und je reifer sie sind, desto süßer und aromatischer wird die Konfitüre. Ich mag die Variante mit Fruchtstücken. Wer das nicht so gerne hat, püriert einfach die gesamte Obstmenge.

Für 4 Schraubgläser à ca. 350 ml
Zubereitungszeit: 20 Minuten

1 kg Aprikosen
500 g Gelierzucker 2:1

Die Aprikosen gründlich waschen und trockentupfen. Halbieren, entkernen und die Aprikosen in kleine Stücke schneiden. Zwei Drittel der Stückchen mit einem Pürierstab pürieren.

Das Aprikosenpüree und die übrigen Stückchen in einen großen Topf geben. Den Gelierzucker hinzufügen und alles gut miteinander verrühren. Die Konfitüre zum Kochen bringen und dann unter ständigem Rühren 4–5 Minuten sprudelnd kochen lassen.

Die heiße Konfitüre direkt in die sterilisierten Schraubgläser füllen und sofort fest verschließen. Bei Zimmertemperatur abkühlen lassen, bis die Konfitüre fest geworden ist.

Die Konfitüre kann bei Zimmertemperatur aufbewahrt werden, muss aber nach Anbruch im Kühlschrank gelagert werden.

ALTERNATIVE
Dieses Rezept lässt sich statt aus Aprikosen wirklich aus fast jedem anderen Obst zubereiten. Ob Beeren, Birnen, Kirschen, Mirabellen, Pflaumen, Quitten oder Zwetschgen – selbst gemachte Konfitüre ist immer ein Genuss.

Selbst gemachter Beerensirup

Dieses Rezept ist eine genial einfache Möglichkeit, um viele Beeren auf einmal zu verwerten. Der fertige Sirup ist ganz unterschiedlich verwendbar. Ich nutze ihn gerne als Basis für eine erfrischende Schorle. Aber auch in einem (alkoholfreien) Cocktail oder zu einem Glas Sekt passt er hervorragend. Wer es süßer mag, kann die Menge an Zucker problemlos erhöhen.

Für 2 kleine Flaschen
Zubereitungszeit: 20 Minuten
Ruhezeit: 30 Minuten

250 g Erdbeeren
250 g Blaubeeren
250 g Zucker

Die Erdbeeren und Blaubeeren waschen und abtropfen lassen. Die Erdbeeren vom Grün befreien und vierteln.

Beide Beerensorten zusammen mit dem Zucker in einen Topf geben. 300 ml Wasser hinzufügen, alles miteinander verrühren und zum Kochen bringen. Sobald es kocht, die Temperatur reduzieren und die Mischung mit geschlossenem Deckel 10 Minuten köcheln lassen.

Den Topf von der Herdplatte nehmen und die Mischung 30 Minuten ziehen lassen. Anschließend durch ein Sieb geben und die Flüssigkeit dabei auffangen. Die Flüssigkeit zurück in den Topf geben und noch einmal kurz aufkochen. Dann sofort in die sterilisierten Flaschen füllen und fest verschließen.

Den Sirup bei Zimmertemperatur abkühlen lassen und anschließend im Kühlschrank aufbewahren. Dort hält der Sirup bis zu 1 Monat.

TIPP

Das übrig bleibende Fruchtfleisch kann als Topping von Joghurt oder Müsli verwendet werden.

ALTERNATIVE

Der Sirup kann statt mit Erdbeeren und Blaubeeren ebenso gut mit Brombeeren und Himbeeren gemacht werden. Und natürlich auch jeweils nur mit einer Sorte Beeren.

Apfel-Chutney

Chutneys stammen aus der indischen Küche und könnten als herzhafte Marmelade umschrieben werden. Durch die Verwendung von Zucker und Essig wird die süßscharfe Sauce konserviert und ist daher lange haltbar. Dieses Rezept passt hervorragend zu Käse wie beispielsweise Brie, aber auch zu Brot oder zu Burgern.

Für 2 mittelgroße Schraubgläser
Zubereitungszeit: 45 Minuten

4 Äpfel
2 Zwiebeln
10 g Ingwer (optional unbehandelt, wer ihn nicht schälen will)
4 EL Sonnenblumenöl
60 g Zucker
200 ml Weißweinessig
Salz
2 Stangen Zimt
2 Lorbeerblätter
½ TL Chiliflocken

Die Äpfel schälen, vom Kerngehäuse befreien und in 2 cm große Stücke schneiden. Die Zwiebeln abziehen und klein schneiden. Den Ingwer waschen, optional schälen und fein hacken.

Das Öl in einem Topf erhitzen und die Äpfel, die Zwiebeln und den Ingwer darin 3–4 Minuten anschwitzen.

Danach den Zucker dazugeben und kurz verrühren. Mit dem Essig sowie mit 200 ml Wasser aufgießen. 1 Prise Salz, die Zimtstangen, die Lorbeerblätter sowie die Chiliflocken dazugeben. Kurz aufkochen, dann die Temperatur reduzieren und alles mit geschlossenem Deckel 30 Minuten köcheln lassen.

Anschließend die Zimtstangen und die Lorbeerblätter entfernen. Das Chutney mit einem Kochlöffel zerdrücken, bis die gewünschte Konsistenz erreicht ist. Das heiße Chutney dann sofort in sterilisierte Schraubgläser umfüllen und fest verschließen.

Das Chutney abkühlen lassen und anschließend im Kühlschrank lagern. Dort ist es bis zu 4 Wochen haltbar.

ALTERNATIVE
Das Chutney lässt sich statt mit Äpfeln auch mit Birnen, Pflaumen oder Zwetschgen zubereiten.

Mixed Pickles

Mixed Pickles sind eine tolle Möglichkeit, unterschiedliches Gemüse zu konservieren. Ich verarbeite hier gerne nicht mehr ganz so knackige Exemplare. Denn das Gemüse saugt den Sud auf und wird so wieder deutlich aromatischer und fester. Ich esse dieses süßsauer Eingelegte gerne zu einer Brotzeit, aber es schmeckt auch als Beilage zu herzhaften Gerichten.

Für 2 große Schraubgläser
Zubereitungszeit: 20 Minuten
Ruhezeit: 3 Tage

1 Salatgurke
10 Radieschen
¼ Blumenkohl
10 Schalotten
3 TL Senfkörner
2 Lorbeerblätter
150 ml Branntweinessig (5 % Säure)
40 g Zucker

Die Gurke und die Radieschen waschen und beides in feine Scheiben schneiden. Den Blumenkohl ebenfalls waschen und in kleine Röschen teilen. Die Schalotten abziehen und halbieren.

Das vorbereitete Gemüse mit den Senfkörnern und den Lorbeerblättern in die sterilisierten Schraubgläser geben.

Den Essig in einem Topf mit 250 ml Wasser und dem Zucker so lange aufkochen, bis der Zucker vollständig aufgelöst ist. Dann so viel von der heißen Essig-Zucker-Mischung über das Gemüse gießen, bis es damit bedeckt ist. Die Gläser sofort fest verschließen und bei Zimmertemperatur abkühlen lassen.

Das Gemüse mindestens 3 Tage durchziehen lassen und nach Anbruch im Kühlschrank lagern.

TIPP

Falls etwas von der Essig-Zucker-Mischung übrig bleibt, kann sie anstelle von Essig in Salatdressings sowie zum Verfeinern von Kartoffelsalat verwendet werden.

ALTERNATIVE

Zum Einlegen eignen sich auch Brokkoli, Karotte, Knoblauch, Paprika, Weißkohl, Zucchini oder Zwiebeln.

Gemüse in Öl

Dieses Rezept ist ein bisschen wie italienische Antipasti auf Vorrat. Die Zubereitung ist denkbar einfach. Bei den Kräutern kann nach Belieben variiert werden, sodass man immer wieder einen anderen Geschmack hat. Ich serviere das Gemüse in Öl gerne zu einer Brotzeit oder gebe es zu einem bunten Salat hinzu. Es schmeckt auch wunderbar in einem Nudelsalat (siehe Seite 105).

Für 1 großes Schraubglas
Zubereitungszeit:
20 Minuten

10 Kirschtomaten
2 rote Paprikaschoten
2 Zucchini
300 ml Olivenöl
3 EL Weißweinessig
½ TL Salz
3 Zehen Knoblauch
2 Zweige Rosmarin
2 Stängel Oregano

Die Tomaten, die Paprika und die Zucchini waschen und trockentupfen. Die Paprika vom Kerngehäuse befreien und in grobe Stücke schneiden. Die Zucchini in breite Stücke schneiden.

3 EL Olivenöl in einer Pfanne erhitzen und das vorbereitete Gemüse darin 2–3 Minuten anbraten. Dann mit dem Essig ablöschen und 2 Minuten weiterschmoren.

Anschließend das Gemüse mit dem Salz würzen und zusammen mit der entstandenen Flüssigkeit in das sterilisierte Schraubglas geben.

Die Knoblauchzehen abziehen und mit der flachen Seite eines Messers andrücken. Den Knoblauch mit dem Rosmarin und dem Oregano zum Gemüse in das Glas geben.

Zuletzt das Glas mit so viel des restlichen Olivenöls auffüllen, bis das Gemüse komplett mit dem Öl bedeckt ist, und verschließen. Das Gemüse im Kühlschrank aufbewahren und innerhalb von 3 Wochen verbrauchen.

TIPP
Übrig bleibendes Öl des eingelegten Gemüses kann wunderbar für Salatdressing oder zum Verfeinern von Pasta-Saucen verwendet werden.

ALTERNATIVE
Zum Einlegen eignen sich auch Auberginen, Champignons oder Zwiebeln.

Eingelegtes Obst

Obst in Zuckerwasser einzulegen, ist eine einfache Methode, um es länger haltbar zu machen. Es schmeckt pur genauso gut wie zu Milchreis oder Grießbrei. Ich nehme es auch gerne als Topping von Pfannkuchen oder Waffeln. Es empfiehlt sich, mehrere kleine Schraubgläser zu verwenden, damit angebrochene Gläser direkt verbraucht werden können.

Für 2 große Schraubgläser oder 4 kleine Schraubgläser
Zubereitungszeit: 15 Minuten

500 g Obst einer Sorte nach Wahl (z. B. Stachelbeeren)
150 g Zucker

Das Obst (z. B. Stachelbeeren) waschen, putzen und in die sterilisierten Schraubgläser füllen.

500 ml Wasser mit dem Zucker in einem Topf verrühren und sprudelnd aufkochen, bis der Zucker vollständig aufgelöst ist.

Die Gläser mit dem heißen Zuckerwasser auffüllen, bis das Obst damit bedeckt ist. Die Gläser sofort fest verschließen und das Obst bei Zimmertemperatur abkühlen lassen.

Das eingelegte Obst ist im Kühlschrank 2–3 Wochen haltbar.

TIPP
Das Zuckerwasser kann anschließend wunderbar als Basis für eine Schorle verwendet werden.

ALTERNATIVE
Dieses Rezept kann sehr gut mit Birnen, Blaubeeren, Brombeeren, Erdbeeren, Himbeeren, Kirschen, Mirabellen, Pflaumen und Zwetschgen zubereitet werden. Steinobst sollte dabei vorher halbiert und entsteint werden.

Zwetschgenkompott

Ein selbst gemachtes Obstkompott ist wunderbar, um größere Mengen an reifen Früchten zu verarbeiten. Je reifer sie bei der Zubereitung sind, desto süßer und weicher wird das Kompott. Ich esse es sehr gerne als Topping auf Müsli. Aber es kann auch pur gegessen werden oder zu Milchreis, einer Kugel Eis oder Quark.

Für 2 große Schraubgläser
Zubereitungszeit: 25 Minuten

1 kg Zwetschgen
60 g Zucker
2 Stangen Zimt

Die Zwetschgen waschen, halbieren und entkernen. Mit dem Zucker und den Zimtstangen in einen Topf geben.

100 ml Wasser dazugießen und alles miteinander verrühren. Einmal kurz aufkochen und anschließend die Temperatur reduzieren. Das Kompott mit geschlossenem Deckel 10 Minuten köcheln lassen.

Dann die Zimtstangen entfernen und die Zwetschgen in die sterilisierten Schraubgläser füllen. Die Gläser mit der Flüssigkeit aus dem Topf auffüllen, bis die Zwetschgen komplett damit bedeckt sind. Die Gläser sofort fest verschließen und bei Zimmertemperatur abkühlen lassen.

Das abgekühlte Kompott kann verschlossen im Kühlschrank 4 Wochen aufbewahrt werden.

ALTERNATIVE
Das Kompott lässt sich statt aus Zwetschgen auch aus Äpfeln, Aprikosen, Birnen, Kirschen, Mirabellen, Pflaumen oder Rhabarber zubereiten.

Suppen und Eintöpfe

Blumenkohl-Cheddar-Suppe

Diese Suppe ist für mich ein absolutes Wohlfühlessen an kalten Tagen. Sie ist unglaublich cremig und sättigend. Durch den Cheddar wird sie außerdem wunderbar würzig. An seiner Stelle kann natürlich auch ein anderer Käse verwendet werden, aber er sollte nach Möglichkeit schön herzhaft sein.

Für 4 Personen
Zubereitungszeit:
45 Minuten

Für die Suppe
1 Blumenkohl
2 kleine Kartoffeln
2 Zwiebeln
Butter zum Anbraten
1,2 l Gemüsebrühe + etwas mehr nach Bedarf
150 g würziger Cheddar
400 g Sahne zum Kochen
Salz
frisch gemahlener schwarzer Pfeffer

Zum Anrichten (optional)
1 EL gehackte Petersilie
2 EL geriebener Cheddar

Den Blumenkohl waschen und in kleine Röschen teilen. Die Kartoffeln schälen und in 3 cm große Stücke schneiden.

Die Zwiebeln abziehen und in grobe Stücke schneiden. Etwas Butter in einem Topf erhitzen und die Zwiebeln darin etwa 3 Minuten anschwitzen.

Anschließend die Blumenkohlröschen und die Kartoffelstücke dazugeben, mit der Brühe aufgießen und alles zum Kochen bringen. Sobald es kocht, die Temperatur reduzieren und die Suppe 25 Minuten köcheln lassen.

In der Zwischenzeit den Cheddar reiben.

Den Topf von der Herdplatte nehmen und die Suppe pürieren. Die Sahne einrühren und den geriebenen Cheddar hinzufügen. So lange rühren, bis er komplett aufgelöst ist.

Wenn die Suppe zu dickflüssig wird, mit Gemüsebrühe auffüllen, bis die gewünschte Konsistenz erreicht ist. Mit Salz und Pfeffer abschmecken.

Die Suppe optional mit der Petersilie und dem Cheddar anrichten und servieren.

ALTERNATIVE
Die Suppe kann auch mit Brokkoli anstelle des Blumenkohls zubereitet werden. Und die Kartoffeln können durch eine Pastinake ersetzt werden.

Pastinaken-Birnen-Suppe

Die Suppe ist etwas süßlich, da sowohl Pastinaken als auch Birnen recht zuckerhaltig sind. Und natürlich wird sie umso süßer, je reifer die Birnen sind. Gleichzeitig punktet sie mit einer tollen cremigen Konsistenz und ist echt sättigend. Für mich ist die Suppe ein perfektes Mittagessen, aber sie kann auch hervorragend als Vorspeise serviert werden.

Für 2 Personen
Zubereitungszeit:
35 Minuten

Für die Suppe
1 große Pastinake
2 Kartoffeln
2 Birnen
1 Zwiebel
Pflanzenöl zum Braten
1 EL Apfelessig
650 ml Gemüsebrühe
Salz
frisch gemahlener schwarzer Pfeffer
1 Prise frisch geriebene Muskatnuss

Zum Anrichten (optional)
1 Handvoll Haselnusskerne, gehackt
frische Kresse

Die Pastinake und die Kartoffeln schälen und in kleine Stücke schneiden. Die Birnen ebenfalls schälen, vom Kerngehäuse befreien und in kleine Stücke schneiden. Die Zwiebel abziehen und grob hacken.

Etwas Öl in einem Topf erhitzen und das vorbereitete Gemüse sowie die Birnen darin anschwitzen. Mit dem Apfelessig ablöschen und mit der Gemüsebrühe aufgießen.

Die Mischung bei niedriger Temperatur 20 Minuten köcheln lassen und anschließend pürieren. Mit Salz, Pfeffer und Muskatnuss abschmecken.

Die Suppe optional mit den gehackten Haselnüssen und frischer Kresse garnieren und sofort servieren.

ALTERNATIVE
Diese Suppe kann man statt mit Pastinake und Birne auch wunderbar mit Petersilienwurzel und Äpfeln zubereiten.

Bunte Restesuppe

Das ist wirklich eine »Alles-muss-weg-Suppe«. Das Gemüse darf auch ruhig schon etwas welk sein, denn es wird am Ende ohnehin alles püriert. Daher nehme ich für dieses Rezept normalerweise einfach die Sorten, die gerade aufgebraucht werden müssen. Es kann also eher als Basisrezept verstanden werden, das nach Lust und Laune mit anderem Gemüse oder Gewürzen gekocht werden kann.

Für 2 Personen
Zubereitungszeit: 15 Minuten
Backzeit: 30 Minuten

500 g gemischtes Gemüse (z. B. Brokkoli, grüne Paprikaschote, Mairübe, Karotten)
2 Zwiebeln
1 Zehe Knoblauch
3 EL Olivenöl
500 ml Gemüsebrühe
50 g Sahne zum Kochen
Salz
frisch gemahlener schwarzer Pfeffer
1 Prise frisch gemahlene Muskatnuss

Zum Anrichten (optional)
2 Stängel Petersilie
1 EL gehobelte Mandelkerne

Das gemischte Gemüse waschen, putzen und in 2–3 cm große Stücke schneiden. Die Zwiebeln und den Knoblauch abziehen. Die Zwiebeln vierteln und den Knoblauch mit der flachen Seite eines Messers andrücken. Alles auf ein Backblech geben und mit dem Olivenöl beträufeln. Im vorgeheizten Backofen bei 200 °C Ober-/Unterhitze 30 Minuten rösten.

Anschließend die Gemüsemasse herausnehmen und in einen Topf geben. Die Gemüsebrühe und die Sahne hinzufügen und alles zu einer Suppe pürieren.

Noch einmal aufkochen und mit Salz, Pfeffer und Muskatnuss abschmecken. Die Suppe auf tiefe Teller verteilen, optional mit der Petersilie und den gehobelten Mandelkernen garnieren und servieren.

TIPP
Je nachdem, welches Gemüse man verwendet, kann die Suppe etwas dickflüssiger werden. Dann einfach mit mehr Gemüsebrühe aufgießen, bis die gewünschte Konsistenz erreicht ist.

ALTERNATIVE
Aubergine, Fenchel, Kartoffel, Knollensellerie, Kürbis, Pastinake, Petersilienwurzel, Steckrüben, Süßkartoffel, Tomaten, Rosenkohl, Rote Bete oder Zucchini – das gemischte Gemüse kann nach Lust und Laune, Geschmack und Vorrat kombiniert werden.

Süßkartoffel-Kichererbsen-Eintopf

Dieses Gericht wärmt innerlich und macht richtig satt. Durch das Rösten im Backofen wird die Süßkartoffel besonders aromatisch. Und die indischen Gewürze geben dem Eintopf einen tollen herzhaften Geschmack. Ich esse ihn gerne pur, aber er kann auch mit Baguette oder Naan-Brot serviert werden.

Für 2 Personen
Zubereitungszeit: 30 Minuten
Backzeit: 25 Minuten

Für den Eintopf
2 Süßkartoffeln (ca. 500 g)
2 EL Olivenöl
2 Zwiebeln
1 Zehe Knoblauch
Pflanzenöl zum Braten
½ TL Chiliflocken
½ TL Currypulver
½ TL Kurkumapulver
½ TL gemahlener Kreuzkümmel
1 Dose gehackte Tomaten (400 g)
1 Dose Kokosmilch (400 ml)
400 ml Gemüsebrühe
1 Dose Kichererbsen (400 g)
50 g Blattspinat
Salz
frisch gemahlener schwarzer Pfeffer

Zum Anrichten (optional)
1 rote Chilischote, in Ringe geschnitten

Die Süßkartoffeln schälen und in 2–3 cm große Würfel schneiden. Mit dem Olivenöl vermengen und auf einem Backblech verteilen. Im Backofen bei 200 °C Ober-/Unterhitze 25 Minuten backen.

In der Zwischenzeit die Zwiebeln und den Knoblauch abziehen und fein hacken. Beides in etwas Öl in einem Topf anschwitzen. Die Chiliflocken, das Currypulver, das Kurkumapulver und den Kreuzkümmel dazugeben. Gut verrühren und 1–2 Minuten anbraten.

Anschließend die gehackten Tomaten, die Kokosmilch und die Gemüsebrühe hinzufügen. Aufkochen und dann bei niedriger Temperatur 10 Minuten köcheln lassen.

Währenddessen die Kichererbsen abgießen, abspülen und abtropfen lassen. Zur Mischung im Topf geben und alles weitere 10 Minuten köcheln lassen.

Danach die Süßkartoffeln hinzufügen. Den Topf von der Herdplatte nehmen und die Mischung 5 Minuten ziehen lassen.

Den Spinat waschen und trockenschütteln. Unter die Mischung rühren, bis er zusammenfällt. Zuletzt den Eintopf mit Salz und Pfeffer abschmecken, optional mit den Chiliringen garnieren und servieren.

ALTERNATIVE
Anstelle der Süßkartoffeln kann auch Kürbis verwendet werden. Und der Spinat lässt sich durch Mangold ersetzen.

Italienische Gemüsesuppe

Klassischerweise sind Suppen und Eintöpfe ja eher etwas für den Winter. Aber dieses italienische Rezept ist toll für die warme Jahreszeit. Es ist leicht und trotzdem wirklich sättigend. Ich esse die Suppe gerne als Hauptmahlzeit, aber sie kann auch als Vorspeise serviert werden.

Für 4 Personen
Zubereitungszeit: 45 Minuten

1 Kohlrabi
2 Karotten
2 Stangen Sellerie
2 Zwiebeln
150 g getrocknete rote Linsen
50 ml Olivenöl
2 EL Tomatenmark
1 l Gemüsebrühe
3 Fleischtomaten
3 EL tiefgefrorene italienische Kräuter
Salz
frisch gemahlener schwarzer Pfeffer

Den Kohlrabi, die Karotten sowie den Staudensellerie schälen und in kleine Stücke schneiden. Die Zwiebeln abziehen und fein hacken.

Die roten Linsen in ein feines Küchensieb geben und gründlich abspülen. Anschließend in dem Sieb abtropfen lassen.

Das Olivenöl in einem großen Topf erhitzen und das klein geschnittene Gemüse darin etwa 5 Minuten anschwitzen. Dann das Tomatenmark dazugeben und alles weitere 2 Minuten anschwitzen.

Anschließend die Linsen sowie die Gemüsebrühe hinzufügen und alles zum Kochen bringen. Sobald die Suppe kocht, die Temperatur reduzieren und die Mischung 15 Minuten köcheln lassen.

In der Zwischenzeit die Tomaten waschen, vom Strunk befreien und in kleine Würfel schneiden. Die Würfel zur Suppe geben und weitere 10 Minuten köcheln lassen.

Zuletzt die italienischen Kräuter hinzufügen. Die Suppe nach Bedarf mit Salz und Pfeffer abschmecken und servieren.

ALTERNATIVE
Diese Suppe kann man anstelle von Kohlrabi und Karotten auch mit Bohnen, Erbsen, Lauch, Kartoffeln, Zucchini oder Zuckerschoten zubereiten.

Eintopf mit buntem Gemüse

Eintopf ist für mich eines der Gerichte, das mich total an meine Kindheit erinnert, bei uns gab es ihn in den unterschiedlichsten Variationen. Auch heute noch freue ich mich immer den ganzen Tag darauf, wenn ich weiß, dass es abends einen großen Teller Gemüseeintopf gibt. Und obendrein ist dieses Rezept ideal, um unterschiedlichstes Gemüse zu verarbeiten.

Für 4 Personen
Zubereitungszeit:
40 Minuten

¼ Knolle Sellerie
2 Petersilienwurzeln
2 Karotten
5 Kartoffeln
½ Lauch
2 Zwiebeln
Margarine zum Anbraten
800 ml Gemüsebrühe
1 Lorbeerblatt
Salz
frisch gemahlener schwarzer Pfeffer

Den Knollensellerie, die Petersilienwurzeln, die Karotten und die Kartoffeln schälen. Alles in 2–3 cm große Stücke schneiden. Den Lauch gründlich waschen und in Ringe schneiden.

Die Zwiebeln abziehen und in feine Stücke schneiden. Etwas Margarine in einem großen Topf erhitzen und die Zwiebeln darin 2–3 Minuten anschwitzen.

Das restliche vorbereitete Gemüse hinzufügen und mit der Gemüsebrühe aufgießen. Das Lorbeerblatt dazugeben und alles einmal aufkochen. Anschließend die Temperatur reduzieren und den Eintopf 20–25 Minuten köcheln lassen.

Dann das Lorbeerblatt entfernen. Den Eintopf mit Salz und Pfeffer abschmecken und servieren.

ALTERNATIVE
Dieser Eintopf kann eigentlich mit jedem Gemüse gemacht werden. Ich bereite ihn auch gerne mit Blumenkohl, Kohlrabi, Pastinaken, Steckrüben oder Wirsing zu.

Salate

Schneller Krautsalat

Dieses Rezept gehört seit Jahren zu meinen liebsten Beilagensalaten. Es besteht aus wenigen Zutaten und ist unglaublich einfach zubereitet. Allerdings braucht man ein wenig Geduld, denn es dauert etwas, bis der Kohl durch das Kneten weicher und geschmacksintensiver wird. Es lohnt sich aber auf jeden Fall. Der Krautsalat schmeckt sowohl zum Grillen als auch zu Falafeln (siehe Seite 125) oder zu Burgern.

Für 4 Personen
Zubereitungszeit:
15 Minuten

Für den Salat
½ Weißkohl (ca. 500 g)
1,5 TL Salz
1 TL Zucker
3 EL Weißweinessig
2 EL Sonnenblumenöl

Zum Anrichten (optional)
2 Stängel Petersilie

Den Strunk des Kohls herausschneiden und den Kohl mit einem Messer in dünne Streifen schneiden oder mit einem Hobel raspeln. Den Kohl zusammen mit dem Salz in eine Schüssel geben und mit den Händen 5 Minuten kräftig kneten. Er sollte merklich weicher werden und es sollte etwas Flüssigkeit austreten.

Anschließend den Zucker zusammen mit dem Essig und dem Öl hinzufügen. Den Kohl noch mal mit den Händen 1–2 Minuten kneten, sodass er komplett mariniert ist.

Dann den Krautsalat optional mit der Petersilie garnieren und servieren.

TIPP
Der Salat schmeckt noch besser, wenn er etwas durchgezogen ist. Dazu einfach gut abgedeckt im Kühlschrank aufbewahren.

ALTERNATIVE
Das Rezept lässt sich statt mit Weiß- wunderbar mit Rotkohl zubereiten. Aber auch Spitzkohl ist geeignet. Allerdings muss er etwas vorsichtiger geknetet werden, da er viel zarter ist als Weißkohl.

Glasnudel-Salat

Ich liebe die asiatische Küche, denn sie steckt voller aromatischer Saucen und Gewürze. So wird aus wenigen Zutaten innerhalb kürzester Zeit ein unglaublich leckeres Gericht. Diesen Glasnudel-Salat bereite ich mittlerweile in unter 10 Minuten zu, weshalb ich ihn gerade im Sommer gerne in der Mittagspause mache. So kann ich in der restlichen Zeit das schöne Wetter genießen und habe trotzdem das Gemüsefach ein wenig leeren können.

Für 2 Personen
Zubereitungszeit:
15 Minuten

Für den Salat
100 g Vermicelli-Glasnudeln (erhältlich in gut sortierten Supermärkten)
½ Salatgurke
½ kleiner Spitzkohl
1 rote Zwiebel
5 Stängel Koriander

Für das Dressing
2 EL Sojasauce
2 EL Weißweinessig
1 TL Zucker
1 EL Sesamöl
1 Zehe Knoblauch

Zum Anrichten (optional)
1 rote Chilischote, in Ringe geschnitten
2 EL gehackte Erdnusskerne
1 unbehandelte Limette, geviertelt

Für den Salat die Glasnudeln nach Packungsanweisung weich garen. Anschließend abgießen und gut abtropfen lassen.

Die Gurke waschen und in kleine Stifte schneiden. Den Spitzkohl vom Strunk befreien und in feine Streifen schneiden. Die Zwiebel abziehen und ebenfalls in feine Streifen schneiden. Den Koriander waschen und trockenschütteln. Die Stiele fein und die Blätter grob hacken.

Die Glasnudeln mit der Gurke, dem Spitzkohl, der Zwiebel und dem Koriander in einer Schüssel vermengen.

Für das Dressing die Sojasauce mit dem Essig, dem Zucker und dem Sesamöl verrühren. Den Knoblauch abziehen, fein hacken und hinzufügen. Das Dressing über den Salat geben und gut vermengen.

Den Salat optional mit den Chiliringen, Erdnüssen und Limettenvierteln anrichten und sofort servieren.

ALTERNATIVE
Der Salat kann auch mit Karotte oder Paprika anstatt der Gurke gemacht werden. Und der Spitzkohl kann durch Rotkohl oder Weißkohl ersetzt werden.

Couscous-Salat

Dieser herrliche Couscous-Salat lässt sich in wenigen Minuten zubereiten. Durch die Kombination mit den Kichererbsen ist er wirklich sättigend und daher ideal als Mittagessen oder zum Mitnehmen für unterwegs. Aber er schmeckt ebenso zum Grillen oder als Beigabe zu einem Büfett.

Für 4 Personen
Zubereitungszeit: 20 Minuten

6 EL Olivenöl
1 TL Salz + etwas mehr zum Abschmecken
250 g Couscous
6 EL Tomatenmark
1 Dose Kichererbsen (400 g)
2 Tomaten
2 Frühlingszwiebeln
20 Stängel Petersilie
2 EL Weißweinessig
frisch gemahlener schwarzer Pfeffer

250 ml Wasser mit 2 EL Olivenöl und Salz in einem Topf zum Kochen bringen. Sobald das Wasser kocht, den Topf von der Herdplatte nehmen und den Couscous einrühren. Einen Deckel auf den Topf setzen und den Couscous 5 Minuten quellen lassen.

Anschließend den Couscous mit einer Gabel auflockern, das Tomatenmark dazugeben und gründlich vermengen.

Die Kichererbsen abgießen, gut abspülen und abtropfen lassen.

Die Tomaten, die Frühlingszwiebeln und die Petersilie waschen. Die Tomaten vom Strunk befreien und in kleine Stücke schneiden. Die Frühlingszwiebeln in feine Ringe schneiden. Die Petersilie mitsamt den Stielen sehr fein hacken.

Den Couscous mit den Kichererbsen, den Tomaten, den Frühlingszwiebeln und der Petersilie in eine Schüssel geben und vermengen. Das restliche Olivenöl (4 EL) und den Essig hinzufügen und gut verrühren.

Zuletzt den Salat mit Salz und Pfeffer abschmecken und servieren.

ALTERNATIVE
Der Couscous-Salat schmeckt mit Gurke und Paprika ebenso wunderbar. Diese können sowohl anstelle der Tomaten als auch gemeinsam mit den Tomaten in den Salat gegeben werden. Und die Frühlingszwiebeln können gut durch rote Zwiebeln ersetzt werden.

Italienischer Nudelsalat

Nudelsalat ist ein absoluter Klassiker – und das vollkommen zu Recht. Am liebsten mag ich die italienische Variante. In der Kombination mit dem leckeren Dressing und den würzigen Zutaten aus dem Vorratsschrank ist dieser Salat zeitlos und vielseitig. Außerdem kann er wunderbar vorbereitet werden, den Rucola dann aber erst kurz vorm Servieren dazugeben.

Für 4 Personen
Zubereitungszeit:
20 Minuten

Für den Salat
250 g Pasta
Salz
50 g Rucola
10 Kirschtomaten
15 grüne Oliven ohne Stein
5 Tomaten in Öl
30 g Parmesan
20 g Pinienkerne

Für das Dressing
6 EL Olivenöl
4 EL Balsamicoessig
½ TL mittelscharfer Senf
½ TL flüssiger Honig
Salz
frisch gemahlener schwarzer Pfeffer

Zum Anrichten (optional)
2 Stängel Basilikum

Für den Salat die Pasta nach Packungsanweisung in reichlich Salzwasser kochen, anschließend abgießen und etwas abkühlen lassen.

Den Rucola waschen und abtropfen lassen. Die Kirschtomaten halbieren. Die Oliven und die Tomaten in Öl grob hacken. Den Parmesan fein hobeln.

Die Pinienkerne in einer Pfanne ohne Fettzugabe anrösten. Dabei darauf achten, dass sie nicht verbrennen.

Zuletzt die Pasta mit den anderen Zutaten in eine große Schüssel geben und vermengen.

Für das Dressing das Olivenöl mit dem Balsamicoessig, dem Senf und dem Honig verrühren. Mit Salz und Pfeffer abschmecken. Das Dressing über den Salat geben und vermengen.

Den Salat optional mit dem Basilikum anrichten und servieren.

TIPP
Der Salat eignet sich ideal, um übrig gebliebene Nudeln vom Vortag zu verwerten. Und er schmeckt hervorragend mit dem eingelegten Gemüse in Öl (siehe Seite 71).

ALTERNATIVE
Anstelle des Rucola kann Feldsalat, Pflücksalat oder Spinat verwendet werden. Außerdem können noch Champignons, Frühlingszwiebeln, Gurken oder Paprika dazugegeben werden.

Waldorfsalat

Der aus den USA stammende Waldorfsalat wird aus rohem Knollensellerie und einem cremigen Dressing zubereitet. Für mich ist er daher die ideale Verwertung einer angeschnittenen Knolle. Denn eine ganze braucht man ja wirklich eher selten. Und tatsächlich schmeckt roher Sellerie richtig lecker und intensiv. Der Salat ist eine wunderbare Vorspeise, aber er passt auch herrlich als Beilage.

Für 4 Personen
Zubereitungszeit: 15 Minuten
Ruhezeit: 1 Stunde

Für den Salat
½ Knolle Sellerie
2 Äpfel
Saft von 1 Zitrone
100 g Mayonnaise
200 g Crème fraîche
1 TL Zucker
Salz
frisch gemahlener schwarzer Pfeffer
20 Walnusskerne

Zum Anrichten (optional)
1 Handvoll Kresse

Den Sellerie schälen und grob raspeln. Die Äpfel waschen, das Kerngehäuse entfernen und die Äpfel ebenfalls grob raspeln. Sellerie und Äpfel in eine Schüssel geben, mit dem Zitronensaft beträufeln und gut vermengen.

Die Mayonnaise mit der Crème fraîche und dem Zucker in einer separaten Schüssel verrühren. Mit Salz und Pfeffer würzen und zu dem Salat geben. Alles gut miteinander vermengen und abgedeckt mindestens 1 Stunde im Kühlschrank durchziehen lassen.

Die Walnüsse grob hacken und kurz vor dem Servieren unter den Salat heben. Den Salat optional mit der Kresse garnieren.

ALTERNATIVE
Der Salat kann statt mit Knollen- auch mit Staudensellerie zubereitet werden. Letzteren dazu einfach in feine Stücke schneiden und dann wie im Rezept beschrieben fortfahren. Und statt der Äpfel lassen sich Birnen verwenden.

Brotsalat

Mit diesem Rezept verbraucht man nicht nur Gemüse, sondern auch trocken gewordenes Weißbrot. Die Kombination aus dem leckeren Gemüse und den knusprigen Croûtons ist für mich einfach unwiderstehlich. Frisch zubereitet schmeckt der Salat am besten, denn dann sind die Brotwürfel noch schön knusprig.

Für 2 Personen
Zubereitungszeit:
15 Minuten

Für den Salat
2 Herzen Römersalat
1 rote Zwiebel
5 Radieschen
¼ Salatgurke
15 grüne Oliven ohne Stein
3 Scheiben Weißbrot (100 g)
3 EL Olivenöl

Für das Dressing
3 EL Olivenöl
2 EL weißer Balsamicoessig
½ TL mittelscharfer Senf
½ TL flüssiger Honig
Salz
frisch gemahlener schwarzer Pfeffer

Für den Salat die Herzen klein schneiden und gründlich waschen. Anschließend gut abtropfen lassen.

Die Zwiebel abziehen, halbieren und in feine Streifen schneiden. Die Radieschen und die Gurke waschen. Die Radieschen in feine Streifen und die Gurke in kleine Stücke schneiden.

Die Oliven grob hacken. Mit dem Römersalat, der Zwiebel, den Radieschen und der Gurke in eine Schüssel geben.

Das Brot in Würfel schneiden und im Olivenöl in einer Pfanne von allen Seiten anrösten. Dann zu dem Salat geben.

Für das Dressing das Öl mit dem Essig, dem Senf und dem Honig vermengen. Zuletzt mit Salz und Pfeffer abschmecken.

Den Salat mit dem Dressing beträufeln und am besten sofort servieren.

ALTERNATIVE
Der Brotsalat kann natürlich statt mit Römer- mit jedem anderen Blattsalat gemacht werden. Radieschen und Salatgurke lassen sich einfach mit Mairübe, Kohlrabi, Paprika oder Tomaten austauschen.

Fenchelsalat mit Apfel

Ich finde, Fenchel wird vollkommen unterschätzt. Er ist nämlich sehr aromatisch und vielseitig verwendbar. Dieses Rezept mit mariniertem Fenchel ist meine liebste Verwertung der Knolle. Der Salat ist knackig, erfrischend und fruchtig. Er lässt sich wunderbar vorbereiten und ist einfach gemacht. Und ist eine tolle Beilage oder Vorspeise.

Für 4 Personen
Zubereitungszeit:
25 Minuten

2 Knollen Fenchel
1 unbehandelte Zitrone
6 EL Olivenöl
¼ TL Salz
1 TL flüssiger Honig
2 Äpfel
15 Walnusskerne
frisch gemahlener schwarzer Pfeffer

Die Fenchelknollen gründlich waschen. Das Grün entfernen und beiseitestellen. Die Knollen halbieren, den Strunk optional entfernen und die Knollen in feine Streifen schneiden.

Die Zitrone heiß abwaschen und trockentupfen. Die Schale abreiben und in eine große Schüssel geben. Die Zitrone auspressen und den Saft zu dem Abrieb hinzufügen. Beides mit dem Olivenöl, dem Salz und dem Honig zu einem Dressing verrühren.

Den Fenchel mit in die Schüssel geben und mit dem Dressing marinieren. 10 Minuten ziehen lassen, sodass er etwas weicher wird.

In der Zwischenzeit die Äpfel waschen, vierteln und das Kerngehäuse entfernen. Die Äpfel in möglichst feine Stifte schneiden. Die Stifte zur Fenchelmasse geben und gut vermengen.

Die Walnüsse grob hacken und hinzufügen. Den Salat mit Salz und Pfeffer abschmecken.

Zuletzt das Fenchelgrün grob hacken, den Salat damit bestreuen und sofort servieren.

ALTERNATIVE
Anstelle des Fenchels kann man Kohlrabi verwenden. Dieser muss vorher nur geschält werden. Und statt der Äpfel können auch Birnen verwertet werden.

Blumenkohlsalat

Dieser Salat wird aus rohem Blumenkohl gemacht und ist daher schön knackig. Und tatsächlich ist das viel leckerer, als man vielleicht anfänglich denkt. Durch die Oliven und den Feta bekommt der Salat außerdem einen tollen würzigen Geschmack. Weil er richtig erfrischend und leicht ist, ist er super für den Sommer.

Für 2 Personen
Zubereitungszeit: 20 Minuten
Ruhezeit: 30 Minuten

Für den Salat
½ kleiner Blumenkohl
½ Salatgurke
1 Tomate
1 Frühlingszwiebel
10 Stängel Petersilie
10 grüne Oliven ohne Stein
100 g Feta

Für das Dressing
5 EL Olivenöl
3 EL Weißweinessig
Saft von ½ Zitrone
Salz
frisch gemahlener schwarzer Pfeffer

Für den Salat den Blumenkohl waschen und abtropfen lassen. Anschließend in kleine Röschen teilen und in einer Küchenmaschine klein hacken.

Die Gurke, die Tomate und die Frühlingszwiebel waschen. Die Gurke in kleine Stücke schneiden. Die Tomaten vom Strunk befreien und ebenfalls in kleine Stücke schneiden. Die Frühlingszwiebeln in Ringe schneiden. Die Petersilie waschen, trockenschütteln und samt Stielen fein hacken.

Den Blumenkohl mit der Gurke, der Tomate, der Frühlingszwiebel und der Petersilie in einer Schüssel vermischen. Die Oliven grob hacken, den Feta zerbröseln und beides dazugeben.

Für das Dressing das Olivenöl mit dem Essig und dem Zitronensaft in einer separaten Schüssel verrühren. Mit Salz und Pfeffer abschmecken.

Den Salat mit dem Dressing vermischen und vor dem Servieren mindestens 30 Minuten durchziehen lassen.

TIPP
Wer keine Küchenmaschine hat, kann den Blumenkohl auch mit dem Messer hacken. Das erfordert nur etwas mehr Zeit und Geduld.

ALTERNATIVE
Der Blumenkohl kann durch Brokkoli ersetzt werden. Und anstelle der Gurke kann auch grüne Paprika verwendet werden.

Salat mit Drillingen, Radieschen und Pesto

Kartoffelsalat gibt es bei mir das ganze Jahr über, mal die norddeutsche und mal die süddeutsche Variante. Doch diese Version mit gerösteten Drillingen und würzigem Pesto ist im Sommer auf jeden Fall mein neuer Favorit. Denn ich finde, gerade die kleinen Kartoffeln schmecken aus dem Ofen besonders gut. Der Salat ist ein tolles Mittagessen an warmen Tagen, aber auch die perfekte Beilage zum Grillen.

Für 2 Personen
Zubereitungszeit: 15 Minuten
Backzeit: 20–25 Minuten

500 g unbehandelte festkochende Drillinge (Kartoffelsorte)
2 EL Olivenöl
Salz
1 Bund Radieschen
50 g Rucola
2 EL Pesto nach Wahl (siehe z. B. Seite 52)
frisch gemahlener schwarzer Pfeffer

Die Drillinge mit der Schale gründlich waschen, trockentupfen, halbieren und in eine Schüssel geben. Mit dem Olivenöl und etwas Salz vermengen.

Die Drillinge mit der Schnittseite nach unten auf ein Backbleck setzen und im vorgeheizten Backofen bei 200 °C Ober-/Unterhitze 20–25 Minuten backen.

Anschließend herausnehmen und in eine große Schüssel geben. Das Pesto auf die warmen Drillinge geben, gut vermengen und die Masse etwas abkühlen lassen.

In der Zwischenzeit die Radieschen waschen und trockentupfen. Den Rucola ebenfalls waschen und abtropfen lassen. Die Radieschen in feine Scheiben schneiden und mit dem Rucola zur etwas abgekühlten Kartoffelmasse geben.

Zuletzt den Salat mit Salz und Pfeffer abschmecken und sofort servieren.

TIPP
Wenn das Grün der Radieschen noch schön knackig ist, kann man es ebenso zu dem Salat geben. Das ist nämlich auch essbar und wirklich lecker.

ALTERNATIVE
Anstelle der Radieschen kann man Kohlrabi oder Rettich verwenden. Und statt Rucola eignet sich Feldsalat oder Spinat.

Sommerlicher Pfirsichsalat

Ich finde die Kombination von herzhaften Salaten und Obst vor allem im Sommer wirklich lecker und so ist auch dieser Salat eine perfekte Beilage in der warmen Jahreszeit. Mir persönlich schmeckt die Variante aus den süßen Pfirsichen, dem würzigen Käse und dem knackigen Salat einfach unendlich gut. Denn durch das Grillen bekommen die Pfirsiche ein herrliches Aroma.

Für 2 Personen
Zubereitungszeit:
20 Minuten

Für den Salat
150 g Pflücksalat
100 g Gorgonzola
15 Haselnusskerne
4 Pfirsiche
3 EL Olivenöl

Für das Dressing
3 EL Olivenöl
2 EL heller Balsamicoessig
1 TL flüssiger Honig
Salz
frisch gemahlener schwarzer Pfeffer

Für den Salat den Pflücksalat waschen, gut abtropfen lassen und in eine Schüssel geben. Den Gorgonzola in kleine Stücke schneiden und die Haselnüsse grob hacken. Beides dazugeben.

Die Pfirsiche halbieren, entsteinen und in Spalten schneiden. Mit dem Olivenöl vermengen und in einer Grillpfanne von allen Seiten je 2–3 Minuten grillen. Anschließend auf dem Salat verteilen.

Für das Dressing das Olivenöl mit dem Essig und dem Honig vermengen. Zuletzt mit Salz und Pfeffer abschmecken.

Den Salat mit dem Dressing beträufeln und sofort servieren.

TIPP
Wer keinen Gorgonzola mag, kann genauso gut Feta oder Mozzarella verwenden.

ALTERNATIVE
Anstelle der Pfirsiche kann der Salat auch mit Birnen zubereitet werden. Und der Pflücksalat kann durch jeden anderen Blattsalat oder Spinat ersetzt werden.

Hauptspeisen

Ratatouille aus dem Backofen

Ratatouille ist ein Schmorgericht aus der französischen Küche, das typischerweise in einem großen Topf zubereitet wird. Ich finde die Variante im Backofen aber deutlich einfacher und praktischer für den Alltag. Und der Geschmack ist trotzdem unglaublich gut. Dieses Rezept kann wunderbar als leichtes Hauptgericht serviert werden.

Für 2 Personen
Zubereitungszeit: 25 Minuten
Backzeit: 40–45 Minuten

Für das Ratatouille
1 große Aubergine
1 große Zucchini
1 Zwiebel
2 EL Olivenöl
1 Dose gehackte Tomaten (400 g)
2 EL tiefgefrorene Petersilie
½ TL getrockneter Oregano
Salz
frisch gemahlener schwarzer Pfeffer
1 Kugel Mozzarella

Zum Anrichten (optional)
3 Stängel Oregano
3 Stängel Basilikum

Die Aubergine und die Zucchini waschen, trockentupfen und in dünne Scheiben schneiden.

Die Zwiebel abziehen und fein hacken. Das Öl in einer Pfanne erhitzen und die Zwiebel darin 2–3 Minuten anschwitzen. Die gehackten Tomaten, die Petersilie und den Oregano dazugeben. Alles mit Salz und Pfeffer würzen und bei niedriger Temperatur 10 Minuten zu einer Sauce köcheln lassen.

Dann die Sauce in eine Auflaufform mit Deckel geben und die Auberginen und Zucchini abwechselnd einschichten. Die Auflaufform abdecken und das Gemüse im vorgeheizten Backofen bei 200 °C Ober-/Unterhitze 30 Minuten backen.

In der Zwischenzeit den Mozzarella abtropfen lassen und in Scheiben schneiden.

Die Auflaufform aus dem Backofen nehmen, den Deckel entfernen und den Mozzarella auf dem Gemüse verteilen. Das Ratatouille im Backofen weitere 10–15 Minuten backen, bis der Mozzarella geschmolzen ist.

Anschließend aus dem Backofen nehmen, optional mit dem Oregano und dem Basilikum garnieren und servieren.

ALTERNATIVE
Das Ratatouille lässt sich auch wunderbar mit Fleischtomaten und Paprika statt mit Aubergine und Zucchini zubereiten.

Kartoffel-Rosenkohl-Auflauf mit Feta

Rosenkohl zählt bekanntermaßen nicht unbedingt zu den beliebtesten Kohlsorten. Doch was, wenn er in der Gemüsekiste gelandet ist oder man ihn beim Foodsharing bekommen hat? Dann ist dieses Rezept genau das Richtige. Denn gerade aus dem Backofen schmeckt Rosenkohl wirklich unglaublich gut und ist auch weniger bitter. Und durch die Kombination aus der cremigen Sauce und dem würzigen Feta ist dieser Auflauf wunderbar herzhaft.

Für 2 Personen
Zubereitungszeit: 15 Minuten
Backzeit: 45 Minuten

20 Rosenkohlröschen
5 große Kartoffeln
200 g Sahne zum Kochen
150 g Schmand
Salz
frisch gemahlener schwarzer Pfeffer
1 Prise frisch geriebene Muskatnuss
200 g Feta

Den Rosenkohl putzen, dazu von gegebenenfalls vorhandenen welken Blättern befreien und anschließend waschen. Gut abtropfen lassen und die Röschen halbieren.

Die Kartoffeln schälen, in dünne Scheiben schneiden und mit dem Rosenkohl in eine Auflaufform geben.

Die Sahne in einer Schüssel mit dem Schmand verquirlen und mit Salz, Pfeffer und Muskatnuss würzen. Die Mischung über die Kartoffeln und den Rosenkohl gießen.

Den Feta mit den Händen zerbröseln und darüber verteilen. Den Auflauf im vorgeheizten Backofen bei 180 °C Ober-/Unterhitze 45 Minuten backen und dann servieren.

ALTERNATIVE
Der Auflauf kann statt mit Rosen- auch mit Weißkohl oder Wirsing zubereitet werden.

Kürbis-Falafel-Wraps

Dies ist mein liebstes Falafel-Rezept. Denn durch den Kürbis bleiben die Falafeln auch nach dem Backen herrlich saftig von innen. Und der angeschnittene Kürbis aus dem Kühlschrank ist wunderbar verwertet worden! Die Falafeln schmecken aber nicht nur in diesen Wraps lecker, sondern ebenso als kalte Beilage zu dem Couscous-Salat (siehe Seite 100) oder dem Blumenkohlsalat (siehe Seite 115).

Für 2–3 Personen
Zubereitungszeit: 20 Minuten
Backzeit: 40 Minuten

Für die Falafeln (12 Stück)
250 g Hokkaidokürbis
1 EL Olivenöl
1 Dose Kichererbsen (400 g)
1 Schalotte
10 Stängel Petersilie
1 TL Salz
½ TL gemahlener Kreuzkümmel

Für die Sauce
150 g griechischer Joghurt
2 EL Mayonnaise
Saft von ½ Zitrone
1 EL gehackte Petersilie
Salz
frisch gemahlener schwarzer Pfeffer

Für die Wraps
2–3 Tortilla-Fladen
Blattsalat zum Füllen
eingelegte rote Zwiebeln (siehe Seite 56)
etwas Petersilie zum Garnieren

Für die Falafeln den Kürbis waschen, in 3 cm große Stücke schneiden und mit dem Olivenöl in einer Schüssel vermengen. Den Kürbis auf einem Backblech verteilen und im vorgeheizten Backofen bei 220 °C Ober-/Unterhitze 20 Minuten backen. Dann komplett abkühlen lassen.

Die Kichererbsen abgießen und gründlich abspülen. Gut abtropfen lassen und trockentupfen. Die Schalotte abziehen und in grobe Stücke schneiden. Die Petersilie waschen und trockentupfen.

Alle Zutaten für die Falafeln außer dem Kürbis zusammen in einer Küchenmaschine zu einer krümeligen Konsistenz pürieren. Den abgekühlten Kürbis dazugeben und nur so lange erneut pürieren, bis die Masse gerade so eine pastenartige Konsistenz erreicht.

Aus der Paste zwölf Bällchen formen und diese auf ein mit Backpapier ausgelegtes Backblech setzen. Die Falafeln im vorgeheizten Backofen bei 220 °C Ober-/Unterhitze 20 Minuten backen.

Für die Sauce alle Zutaten zusammen in einer Schüssel verrühren.

Für die Wraps die Tortilla-Fladen mit dem Blattsalat, den Falafeln, den eingelegten Zwiebeln und der Sauce füllen. Mit der frischen Petersilie garnieren.

ALTERNATIVE
Die Falafeln lassen sich auch mit Süßkartoffeln anstelle des Kürbisses zubereiten.

Tortellini-Auflauf

Keine Frage, Nudelaufläufe sind eine wunderbare Möglichkeit, verschiedenes Gemüse zu verwerten. Und ich finde Aufläufe auch einfach extrem praktisch. Sie sind schnell vorbereitet und trotzdem unglaublich lecker. Diese Variante ist cremig, aber gleichzeitig fruchtig. Und ist ideal für ein satt machendes und unkompliziertes Abendessen.

Für 2 Personen
Zubereitungszeit: 15 Minuten
Backzeit: 25–30 Minuten

Für den Auflauf
1 kleiner Brokkoli
Salz
1 Zehe Knoblauch
200 g Sahne zum Kochen
3 EL Tomatenmark
1 Dose gehackte Tomaten (400 g)
2 EL tiefgefrorene italienische Kräuter
frisch gemahlener schwarzer Pfeffer
250 g Tortellini aus dem Kühlregal (z. B. Spinat-Ricotta)
200 g Kirschtomaten
150 g Mozzarella

Zum Anrichten (optional)
3 Stängel Basilikum

Den Brokkoli waschen und in kleine Röschen teilen. Reichlich Salzwasser in einem Topf zum Kochen bringen und den Brokkoli darin 2 Minuten blanchieren. Anschließend abgießen und gut abtropfen lassen.

Den Knoblauch abziehen und fein hacken. Die Sahne mit dem Knoblauch, dem Tomatenmark, den gehackten Tomaten und den italienischen Kräutern zu einer Sauce verrühren. Mit Salz und Pfeffer würzen.

Die Sauce in eine Auflaufform gießen und die Tortellini sowie den blanchierten Brokkoli darauf verteilen.

Die Kirschtomaten waschen, halbieren und dazugeben. Den Mozzarella abtropfen lassen, in Scheiben schneiden und auf der Masse verteilen. Den Auflauf im vorgeheizten Backofen bei 180 °C Ober-/Unterhitze 25–30 Minuten backen.

Anschließend den Auflauf optional mit dem Basilikum garnieren und sofort servieren.

ALTERNATIVE
Anstatt des Brokkolis kann auch grüner Spargel verwendet werden. Und die Kirschtomaten kann man gut durch Paprika ersetzen.

STAUB

Pasta mit Spitzkohl

Obwohl Spitzkohl fast das ganze Jahr über bei uns erhältlich ist, kommt er für mich viel zu selten auf den Tisch. Dabei ist der zarte Kohl wirklich lecker und einfach zuzubereiten. Dieses Rezept ist für mich ein absolutes Wohlfühl-Essen. Denn es hat alles: Es ist schnell gemacht, herrlich cremig und super sättigend.

Für 2 Personen
Zubereitungszeit:
25 Minuten

Für die Pasta
150 g Spaghetti
Salz
1 Schalotte
½ kleiner Spitzkohl
etwas Pflanzenöl zum Braten
50 g Parmesan
15 Walnusskerne
200 g Sahne zum Kochen
frisch gemahlener schwarzer Pfeffer
1 Prise frisch geriebene Muskatnuss

Zum Anrichten (optional)
geriebener Parmesan

Die Spaghetti nach Packungsanweisung in Salzwasser kochen und anschließend abgießen.

Die Schalotte abziehen und fein hacken. Den Strunk des Spitzkohls entfernen und den Kohl in Streifen schneiden.

Das Öl in einer Pfanne bei mittlerer Temperatur erhitzen und die Schalotte darin anschwitzen. Den Spitzkohl sowie 1–2 EL Wasser dazugeben. Einen Deckel auf die Pfanne setzen und den Spitzkohl in etwa 5 Minuten zusammenfallen lassen.

In der Zwischenzeit den Parmesan reiben und die Walnüsse fein hacken.

Die Sahne zur Kohlmasse geben. Die Mischung mit Salz, Pfeffer sowie Muskatnuss würzen und ohne Deckel 2 Minuten köcheln lassen. Dann die Spaghetti sowie den Parmesan und die gehackten Walnüsse hinzufügen und alles miteinander vermengen.

Die Pasta mit Spitzkohl optional mit etwas geriebenem Parmesan garnieren und sofort servieren.

ALTERNATIVE
Dieses Rezept kann auch mit Weißkohl oder Wirsing anstatt des Spitzkohls zubereitet werden.

Pasta alla Norma

Pasta alla Norma ist ein Gericht aus Sizilien, das typischerweise mit Ricotta salata serviert wird. Ich finde es aber auch mit Büffelmozzarella echt lecker. Und der ist deutlich einfacher zu finden als der Ricotta. Für mich ist dies das perfekte Rezept, um Auberginen zu verwerten. Denn man braucht nur wenige Zutaten und die Zubereitung ist wirklich unkompliziert. Das Salzen der Aubergine sorgt für eine bessere Konsistenz und sie saugt so außerdem weniger von dem Öl auf.

Für 2 Personen
Zubereitungszeit: 30 Minuten
Ruhezeit: 30 Minuten

Für die Pasta
1 große Aubergine
1 TL Salz + etwas mehr für die Penne
200 g Penne
2 kleine rote Zwiebeln
1 Zehe Knoblauch
3 EL Olivenöl
1 Dose gehackte Tomaten (400 g)
2 EL tiefgefrorene italienische Kräuter
frisch gemahlener schwarzer Pfeffer
1 Büffelmozzarella

Zum Anrichten (optional)
2 Stängel Basilikum

Die Aubergine waschen und in 2 cm große Würfel schneiden. Die Würfel auf einem Teller verteilen, mit dem Salz bestreuen und 30 Minuten stehen lassen. Dann mit einem Küchentuch trockentupfen.

Die Penne nach Packungsanweisung in Salzwasser kochen. Anschließend abgießen und gut abtropfen lassen.

Die Zwiebeln sowie den Knoblauch abziehen und fein hacken. Das Olivenöl in einer Pfanne erhitzen und die Zwiebeln und den Knoblauch darin anschwitzen. Die abgetupften Auberginenwürfel dazugeben und bei mittlerer Temperatur 4–5 Minuten anbraten.

Danach die gehackten Tomaten und die italienischen Kräuter hinzufügen. Die Sauce 10 Minuten köcheln lassen und dabei gelegentlich umrühren. Zuletzt mit Salz und Pfeffer abschmecken.

Die Sauce über die Penne geben und alles auf Tellern anrichten. Den Büffelmozzarella in kleine Stücke zerzupfen und darüber verteilen. Die Pasta alla Norma optional mit dem Basilikum garnieren und servieren.

ALTERNATIVE
Dieses Gericht lässt sich auch mit Zucchini zubereiten. Dann ist es natürlich keine originale Pasta alla Norma mehr, aber immer noch sehr lecker.

Pasta alla Nerano

Pasta alla Nerano ist ein bei uns relativ unbekanntes Gericht aus dem Süden Italiens. Im Originalrezept wird Provolone – ein italienischer Hartkäse – verwendet. Der ist bei uns jedoch nicht immer leicht erhältlich. Mit gutem Parmesan als Ersatz schmeckt das Rezept aber mindestens genauso lecker. Es ist schnell zubereitet und perfekt, um Zucchini zu verarbeiten.

Für 2 Personen
Zubereitungszeit:
25 Minuten

Für die Pasta
2 Zucchini (etwa 500 g)
1 Zehe Knoblauch
100 g Parmesan
175 g Spaghetti
Salz
3 EL Olivenöl
frisch gemahlener schwarzer Pfeffer

Zum Anrichten (optional)
geriebener Parmesan
2 Stängel Basilikum, Blätter abgezupft

Die Zucchini waschen und in feine Scheiben schneiden. Den Knoblauch abziehen und mit der flachen Seite eines Messers gut andrücken. Den Parmesan möglichst fein reiben und beiseitestellen.

Die Spaghetti nach Packungsanweisung in reichlich Salzwasser al dente garen, dazu 2 Minuten kürzer kochen als in der Packungsanweisung angegeben. Anschließend die Spaghetti abgießen und dabei etwas Nudelwasser auffangen.

Das Olivenöl in einer Pfanne erhitzen. Die Zucchinischeiben sowie die Knoblauchzehe darin 7–8 Minuten gut anbraten, bis die Zucchini leicht gebräunt sind.

Den Knoblauch aus der Pfanne nehmen. Die Spaghetti zu den Zucchini in die Pfanne geben und kurz verrühren. Eine Kelle des aufgefangenen Nudelwassers sowie den geriebenen Parmesan hinzufügen. So lange rühren, bis der Parmesan schmilzt und gut verteilt ist. Bei Bedarf noch etwas mehr Nudelwasser dazugeben, es sollte allerdings keine Sauce entstehen.

Die Pasta alla Nerano mit Salz und Pfeffer abschmecken. Optional mit etwas geriebenem Parmesan sowie den Basilikumblättern garnieren und sofort servieren.

ALTERNATIVE
Anstelle der Zucchini kann Aubergine verwendet werden. Das entspricht dann nicht mehr dem Originalrezept, aber ich finde die Pasta mit Aubergine auch sehr lecker.

Gnocchi-Pilz-Pfanne

Dieses Gericht gibt es bei mir immer, wenn es schnell gehen muss und es trotzdem etwas Anständiges sein soll. Denn die Zubereitung ist wirklich einfach und unkompliziert. Durch die würzige Sojasauce ist es unglaublich herzhaft und lecker. Die Gnocchi kann man natürlich auch selbst machen, aber in diesem Fall greife ich gerne auf Gnocchi aus dem Kühlregal zurück. So hat man nämlich in wenigen Minuten ein richtig cremiges Komfort-Food.

Für 2 Personen
Zubereitungszeit:
20 Minuten

250 g braune Champignons
1 Zwiebel
Pflanzenöl zum Braten
400 g Gnocchi aus dem Kühlregal
200 g Sahne zum Kochen
3 EL Sojasauce
2 EL tiefgefrorene italienische Kräuter
Salz
frisch gemahlener schwarzer Pfeffer

Zum Anrichten (optional)
2 Stängel Basilikum, Blätter abgezupft

Die Champignons putzen und in Scheiben schneiden. Die Zwiebel abziehen und fein würfeln.

Etwas Öl in einer Pfanne erhitzen und die Champignons mit den Zwiebeln darin 3–4 Minuten anschwitzen.

Etwas Öl in einer separaten Pfanne ebenfalls erhitzen und die Gnocchi darin von allen Seiten goldbraun anbraten.

Die Sahne, die Sojasauce sowie die italienischen Kräuter zu den Champignons geben, verrühren und die Sauce 3–4 Minuten köcheln lassen.

Die angebratenen Gnocchi zu der Sauce geben, gut miteinander vermengen. Zuletzt alles mit Salz und Pfeffer abschmecken.

Die Gnocchi-Pilz-Pfanne in tiefe Teller verteilen, optional mit den Basilikumblättern garnieren und sofort servieren.

ALTERNATIVE
Anstelle der braunen Champignons können natürlich genauso gut andere Pilzsorten verwendet werden. Im Frühjahr mache ich das Gericht auch gerne mit grünem Spargel.

Reis-Gemüse-Pfanne

Dieses einfache »Alles-in-die-Pfanne-Gericht« gibt es bei mir immer gerne, wenn ich nicht so viel Lust zum Kochen habe. Denn sobald das Gemüse geschnitten ist, heißt es eigentlich nur noch abwarten. Und da man bloß eine Pfanne mit Deckel braucht, hält sich auch der Abwasch absolut in Grenzen. Die Reispfanne ist also das ideale Essen, wenn das Gemüsefach ohne großen Aufwand geleert werden soll.

Für 2 Personen
Zubereitungszeit: 45 Minuten

Für die Reis-Gemüse-Pfanne
1 Zwiebel
150 g Champignons
150 g grüne Bohnen
1 rote Paprikaschote
2 EL Olivenöl
250 g Langkornreis
500 ml Gemüsebrühe
¼ TL Kurkumapulver
Salz
frisch gemahlener schwarzer Pfeffer

Zum Anrichten (optional)
3 Stängel Petersilie

Die Zwiebel abziehen und fein hacken. Die Champignons putzen und vierteln. Die Bohnen waschen und in 3 cm große Stücke schneiden. Die Paprika waschen, vom Kerngehäuse befreien und in kleine Würfel schneiden.

Das Olivenöl in einer großen Pfanne erhitzen und das vorbereitete Gemüse inklusive der Pilze darin 4–5 Minuten anschwitzen.

Den Reis dazugeben und gut mit der Masse vermengen. Mit der Gemüsebrühe aufgießen und das Kurkumapulver einrühren. Einmal aufkochen und dann die Temperatur reduzieren. Die Mischung 10 Minuten köcheln lassen und – ganz wichtig – dabei nicht mehr umrühren.

Anschließend einen Deckel auf die Pfanne setzen und alles ohne Umrühren weitere 15 Minuten köcheln lassen.

Zuletzt die Reis-Gemüse-Pfanne mit Salz und Pfeffer abschmecken. Optional mit der Petersilie garnieren und servieren.

ALTERNATIVE
Die Reis-Gemüse-Pfanne kann auch mit Brokkoli, Erbsen, Lauch, Zucchini oder Zuckerschoten als Alternativen zu Champignons, grünen Bohnen und Paprika zubereitet werden.

Gelbes Curry

Gelbes Curry ist im Vergleich zu anderen Currys etwas milder und daher ideal für alle, die nicht so gerne scharf essen. Außerdem ist es sehr cremig, würzig und wirklich einfach zubereitet. Am liebsten esse ich es mit frisch gekochtem Jasminreis. Aber natürlich kann man auch jede andere Reissorte dazu servieren.

Für 2 Personen
Zubereitungszeit:
25 Minuten

Für das Curry
2 Karotten
3 Kartoffeln
½ Lauch
1 Zwiebel
1 Zehe Knoblauch
Pflanzenöl zum Braten
1–2 EL vegetarische gelbe Currypaste
250 ml Kokosmilch
Salz
frisch gemahlener schwarzer Pfeffer

Zum Anrichten (optional)
gekochter Reis
2 EL geröstete Erdnusskerne
1 rote Chilischote, in Ringe geschnitten
2 Stängel Koriander, Blätter abgezupft

Die Karotten und die Kartoffeln schälen und in mundgerechte Stücke schneiden. Den Lauch gründlich waschen und in Ringe schneiden. Die Zwiebel und den Knoblauch abziehen und fein hacken.

Öl in einem Topf erhitzen und das vorbereitete Gemüse darin 1–2 Minuten anbraten. Anschließend die Currypaste, die Kokosmilch sowie 125 ml Wasser dazugeben.

Das Curry einmal aufkochen und dann mit geschlossenem Deckel bei niedriger Temperatur etwa 15 Minuten köcheln lassen, bis die Kartoffeln gar sind. Zuletzt das Curry mit Salz und Pfeffer abschmecken.

Zum Anrichten den Reis auf einen Teller platzieren und das gelbe Curry dazugeben. Optional mit den gerösteten Erdnüssen, Chiliringen und Korianderblättern garnieren und servieren.

TIPP
Gleich etwas mehr Reis kochen und diesen für den asiatischen Bratreis (siehe Seite 151) am nächsten Tag wiederverwenden.

ALTERNATIVE
Die Hauptzutaten Kartoffeln, Karotten und Lauch lassen sich variieren: Das gelbe Curry kann auch mit Kürbis, Paprika oder Süßkartoffeln gemacht werden.

Thai-Curry-Nudeln

Dieses wunderbare One-Pot-Gericht gehört mittlerweile zu meinen liebsten Feierabend-Rezepten. Denn es ist einfach vorbereitet, würzig und gleichzeitig schön sättigend. Außerdem kann man es mit dem unterschiedlichsten Gemüse machen, sodass es wirklich ideal zur Resteverwertung geeignet ist. Wer nicht so gerne scharf isst, kann natürlich auch weniger Currypaste verwenden.

Für 2 Personen
Zubereitungszeit: 35 Minuten

Für die Thai-Curry-Nudeln

- ½ Brokkoli
- 20 grüne Bohnen
- 1 Zehe Knoblauch
- 10 Stängel Koriander
- Pflanzenöl zum Braten
- 1,5 EL vegane rote Currypaste
- 400 ml Kokosmilch
- 600 ml Gemüsebrühe
- 1 kleines Stück Ingwer (optional unbehandelt, wer ihn nicht schälen will)
- 125 g Mie-Nudeln (asiatische Weizennudeln; erhältlich im Supermarkt)
- Saft von 1 Limette

Zum Anrichten (optional)

- 1 EL Sesam
- 1 rote Chilischote, in Ringe geschnitten

Den Brokkoli waschen und die Röschen vom Strunk abtrennen. Den Strunk schälen und in kleine Stücke schneiden. Die Bohnen waschen und in mundgerechte Stücke schneiden. Den Knoblauch abziehen und fein hacken. Den Koriander waschen und trockenschütteln. Die Blätter abzupfen und beiseitestellen, die Stiele fein hacken.

Das Öl in einem Topf erhitzen und die Brokkoliröschen sowie -strunk und die Bohnen darin 3–4 Minuten anbraten. Danach den Knoblauch, die Korianderstiele und die Currypaste dazugeben und 1–2 Minuten anbraten.

Anschließend mit der Kokosmilch und der Gemüsebrühe aufgießen. Den Ingwer waschen, optional schälen, fein reiben und hinzufügen. Alles aufkochen und dann bei niedrigerer Temperatur 10 Minuten köcheln lassen.

Danach die Mie-Nudeln dazugeben und gut verrühren. Den Topf von der Herdplatte nehmen und die Nudeln in der Flüssigkeit 5 Minuten ziehen lassen.

Zuletzt den Limettensaft und die Korianderblätter dazugeben. Die Thai-Curry-Nudeln optional mit dem Sesam sowie den Chiliringen anrichten und sofort servieren.

ALTERNATIVE

Das Rezept kann statt mit Brokkoli und grünen Bohnen auch mit Erbsen, Lauch, Pak Choi, Paprika, Karotten, Zucchini oder Zuckerschoten gemacht werden.

Stir Fry

Stir Fry ist eine Zubereitungsmethode aus der chinesischen Küche, bei der die Zutaten unter Rühren bei großer Hitze in Öl gebraten werden. Klassischerweise wird dazu ein Wok benutzt, aber mit einer guten Pfanne funktioniert es ebenso. Da man für das Rezept abgesehen von dem Gemüse nur Zutaten aus dem Vorratsschrank braucht, ist es für mich ein perfektes Gericht zur Gemüserettung. Außerdem ist es durch die Sauce unglaublich herzhaft und aromatisch.

Für 2 Personen
Zubereitungszeit:
20 Minuten

Für das Stir Fry
125 g Mie-Nudeln (asiatische Weizennudeln; erhältlich im Supermarkt)
1 kleiner Brokkoli
2 Zwiebeln
1 kleines Stück Ingwer (5 g; optional unbehandelt, wer ihn nicht schälen will)
2 Zehen Knoblauch
Pflanzenöl zum Braten

Für die Sauce
6 EL Sojasauce
3 EL Sesamöl
3 TL brauner Zucker
4 TL Branntweinessig
3 TL Hoisin-Sauce (Sauce aus der kantonesischen Küche; erhältlich in gut sortierten Supermärkten)

Zum Anrichten (optional)
1 EL gerösteter Sesam
2 Stängel Koriander, gehackt

Für das Stir Fry die Mie-Nudeln nach Packungsanweisung in Wasser kochen, abgießen und beiseitestellen.

Den Brokkoli waschen, die Röschen vom Strunk abtrennen und möglichst klein zerteilen. Den Strunk schälen und in Würfel schneiden. Die Zwiebeln abziehen und in grobe Streifen schneiden. Den Ingwer waschen, optional schälen und fein hacken. Den Knoblauch abziehen und ebenfalls fein hacken.

Das Öl in einer Pfanne erhitzen und den Brokkoli, die Zwiebeln, den Ingwer und den Knoblauch darin unter Rühren 5–7 Minuten scharf anbraten.

In der Zwischenzeit für die Sauce alle Zutaten miteinander verrühren. Die Sauce über das Gemüse in der Pfanne geben. Die beiseitegestellten Mie-Nudeln hinzufügen und alles vermengen.

Das Stir Fry optional mit dem gerösteten Sesam sowie dem gehackten Koriander garnieren und sofort servieren.

TIPP
Das Gericht kann auch mit Reis serviert werden. Dazu einfach ein wenig mehr Sauce zubereiten und das Stir Fry mit frisch gekochtem Reis anrichten.

ALTERNATIVE
Statt Brokkoli eignen sich auch Bohnen, Champignons, Chinakohl, Frühlingszwiebeln, Karotten, Pak Choi, Paprika, Weißkohl oder Zucchini für so ein Stir Fry.

Asiatischer Bratreis

Dieses Gericht gibt es bei mir so ziemlich jede Woche. Zum einen, weil ich immer zu viel Reis koche und ihn so wunderbar verwerten kann. Und zum anderen, weil der Bratreis mit fast jedem Gemüse zubereitet werden kann. So lässt sich das Gemüsefach hervorragend auf einmal leeren. Deswegen ist es für mich eines der besten Resteverwertungsrezepte schlechthin.

Für 4 Personen
Zubereitungszeit:
25 Minuten

Für den Bratreis
10 grüne Bohnen
1 grüne Paprikaschote
½ Lauch
¼ Chinakohl
10 Stängel Koriander
Pflanzenöl zum Braten
500 g gekochter Reis
4 EL Sojasauce
2 EL Sesamöl
Saft von 1 Zitrone

Zum Anrichten (optional)
1 Handvoll geröstete Erdnusskerne, gehackt
1 kleine rote Chilischote, in Ringe geschnitten
1 Frühlingszwiebel, in Ringe geschnitten

Die Bohnen, die Paprika, den Lauch sowie den Chinakohl waschen. Die Paprika vom Kerngehäuse befreien, den Chinakohl trockenschütteln und alles in kleine Stücke schneiden. Die Korianderblätter abzupfen, Stiele und Blätter separat fein hacken.

Das Öl in einer Pfanne erhitzen und das vorbereitete Gemüse sowie die Korianderstängel darin etwa 5 Minuten anbraten.

Anschließend den gekochten Reis hinzufügen, vermengen und weitere 2 Minuten anbraten. Dann die Sojasauce, das Sesamöl sowie den Zitronensaft darübergeben und gut miteinander vermengen. Zuletzt die gehackten Korianderblätter unterheben.

Den Bratreis optional mit den gerösteten Erdnüssen, den Chiliringen sowie der Frühlingszwiebel garnieren und servieren.

ALTERNATIVE
Das Gemüse für den Bratreis kann beliebig variiert werden. Es passen beispielsweise auch Aubergine, Blumenkohl, Brokkoli, Erbsen, Karotten, gelbe oder rote Paprika, Weißkohl oder Zucchini. Hier kann man fast alles verwerten, was das Gemüsefach hergibt. Insgesamt sollten es so 500–600 g Gemüse sein.

Süßes

Rote-Bete-Brownies

Rote Bete und ich standen lange auf Kriegsfuß – ich wusste einfach nicht so wirklich, was ich daraus zubereiten sollte. Mittlerweile ist sie aber ein fester Bestandteil in meiner Küche. Ich finde sie am leckersten, wenn sie im Backofen gegart wird. Denn dadurch kommt die süßliche Note am besten hervor und sie verliert etwas von dem erdigen Geschmack. Und dann passt sie auch hervorragend in diesen schokoladigen Brownie-Teig. Doch die Brownies können ebenso gut mit vorgegarter Rote Bete gemacht werden.

Für 12 Stück (1 Backform, 24 x 24 cm)
Zubereitungszeit: 25 Minuten
Backzeit: 70–85 Minuten

2 Knollen Rote Bete (250 g)
200 g Butter
200 g Zucker
200 g Weizenmehl Type 405 oder 550
1 TL Backpulver
100 g Backkakao
150 g Apfelmus
100 g Schokotröpfchen (Zartbitter)
Fett für die Form

Die Rote Bete gründlich waschen und trockentupfen. In eine Auflaufform geben und je nach Größe der Knollen im vorgeheizten Backofen bei 200 °C Ober-/Unterhitze 30–45 Minuten backen. Anschließend kurz abkühlen lassen und dann schälen. (Bei vakuumierter Roter Bete entfällt der Schritt, da sie bereits gekocht ist.) Die Rote Bete fein raspeln.

Die Butter in einem Topf schmelzen und etwas abkühlen lassen. Danach mit dem Zucker verrühren.

Das Mehl mit dem Backpulver und dem Backkakao in einer Schüssel vermengen. Die Butter-Zucker-Mischung, die geraspelte Rote Bete sowie das Apfelmus dazugeben. Alles zügig zu einem glatten Teig verrühren. Zuletzt die Schokotröpfchen vorsichtig unterheben.

Die Backform gründlich fetten und dann mit Backpapier auslegen. Den Brownie-Teig in der Form verteilen und die Oberfläche glatt streichen. Im vorgeheizten Backofen bei 160 °C Ober-/Unterhitze 40 Minuten backen.

Anschließend die Brownies vollständig abkühlen lassen und danach in zwölf Stücke schneiden.

TIPP
Gleich ein paar Knollen Rote Bete mehr garen und diese für den Hummus auf Seite 51 anstatt der Süßkartoffel verwenden.

ALTERNATIVE
Anstelle der Roten Bete können die Brownies auch mit Zucchini zubereitet werden. Dazu rohe Zucchini raspeln, das überschüssige Wasser ausdrücken und dem Rezept ab dem Schritt »Butter schmelzen« weiter folgen.

Kürbiskuchen mit Frischkäse-Frosting

Kürbis schmeckt in süßen Gerichten mindestens genauso gut wie in herzhaften. Damit man ihn aber in einem Kuchen verarbeiten kann, muss er erst gekocht und dann püriert werden. Doch dieser kleine Extraschritt lohnt sich definitiv. Denn der Kuchen ist für mich der Inbegriff von einem gemütlichen Herbsttag zu Hause. Die Kombination aus Kürbis, Zimt und cremigem Frosting sorgt nämlich direkt für einen heimeligen Wohlfühl-Effekt.

Für 9 Stücke (1 Backform, 24 x 24 cm)
Zubereitungszeit: 35 Minuten
Backzeit: 30 Minuten
Ruhezeit: 15 Minuten

Für den Kuchen
450 g Hokkaidokürbis
185 g Butter
200 g Zucker
3 Eier
250 g Weizenmehl Type 405 oder Type 550
3 TL Backpulver
1,5 TL Zimtpulver

Für das Frosting
200 g Frischkäse
50 g Puderzucker

Für den Kuchen den Kürbis waschen, entkernen und in kleine Würfel schneiden. Den Kürbis in einen Topf geben, mit Wasser bedecken und zum Kochen bringen. Sobald es kocht, die Temperatur reduzieren und den Kürbis 10 Minuten köcheln lassen. Anschließend abgießen und pürieren. 350 g Kürbispüree abmessen und etwas abkühlen lassen.

Die Butter in einem Topf schmelzen und danach ebenfalls etwas abkühlen lassen. Dann mit dem Zucker und den Eiern mit einem Mixer verrühren. Das abgemessene Kürbispüree vorsichtig unterheben.

Das Mehl mit dem Backpulver und dem Zimt in einer Schüssel verrühren. Die flüssigen Zutaten zu den trockenen Zutaten geben und zügig mit einem Löffel zu einem Teig vermengen. Den Teig in der gefetteten und mit Backpapier ausgelegten Backform verteilen und die Oberfläche glatt streichen. Den Kuchen im vorgeheizten Backofen bei 180 °C Ober-/Unterhitze 30 Minuten backen und anschließend komplett abkühlen lassen.

Für das Frosting die Zutaten verrühren und für 15 Minuten in den Kühlschrank stellen. Dann das Frosting auf dem Kuchen verteilen und diesen anschließend in Stücke schneiden.

TIPP
Ich mache immer gleich ein bisschen mehr von dem Kürbispüree und friere es dann ein. So hat man stets fertiges Püree griffbereit.

ALTERNATIVE
Diesen Kuchen kann man auch mit Süßkartoffel statt Kürbis backen.

Zucchini-Schoko-Kuchen

Im ersten Moment mag es etwas seltsam klingen, Zucchini in einem Kuchen zu verarbeiten. Aber in Kombination mit dem Kakao und der Schokolade wird daraus ein unglaublich leckeres Backwerk. Außerdem wird die Konsistenz durch die Zucchini schön saftig. Und keine Angst, der Kuchen schmeckt wirklich nicht nach Gemüse.

Für 1 Kastenform (25 cm)
Zubereitungszeit: 15 Minuten
Backzeit: 50 Minuten

Für den Kuchen
300 g Zucchini
250 g Weizenmehl Type 405 oder 550
125 g Zucker
2 TL Backpulver
40 g Backkakao
200 g Apfelmus
150 g Sonnenblumenöl
40 g Schokotröpfchen (Zartbitter)
Margarine für die Form

Zum Anrichten (optional)
150 g Kuchenglasur (Zartbitter)
2 EL Schokoladenraspel (Zartbitter)

Die Zucchini waschen, trockentupfen und fein raspeln. In ein sauberes Küchentuch geben und die überschüssige Flüssigkeit gut ausdrücken.

Das Mehl mit dem Zucker, dem Backpulver und dem Backkakao in einer Schüssel verrühren. Die geraspelten Zucchini, das Apfelmus und das Sonnenblumenöl dazugeben. Die Zutaten zügig zu einem glatten Teig rühren. Zuletzt die Schokotröpfchen unterheben.

Die Kastenform gründlich fetten, den Teig sofort darin verteilen und die Oberfläche glatt streichen. Den Zucchini-Schoko-Kuchen im vorgeheizten Backofen bei 180 °C Ober-/Unterhitze etwa 50 Minuten backen.

Anschließend den Kuchen aus dem Ofen nehmen, 10 Minuten in der Form ruhen lassen, dann aus der Form nehmen und vollständig erkalten lassen. Den Kuchen optional mit der Kuchenglasur und den Schokoladenraspeln verzieren.

ALTERNATIVE
Anstelle der Zucchini kann roher Kürbis oder auch gegarte Rote Bete verwendet werden.

Schichtdessert mit Brombeeren

Ich mag Schichtdesserts total gerne, weil sie so schnell zubereitet und trotzdem immer ein absoluter Hingucker sind. Die Kombination aus den süßsäuerlichen Brombeeren und der Creme ist insbesondere im Sommer ein echter Genuss. Und da die Beeren püriert werden, ist es auch in Ordnung, wenn sie schon ein wenig weicher sind.

Für 4 Personen
Zubereitungszeit:
15 Minuten

Für das Schichtdessert
100 g Amarettini
250 g Frischkäse
250 g Speisequark
60 g Puderzucker
Saft von 1 Zitrone
250 g Brombeeren
1 Packung Vanillezucker

Die Amarettini mit einer Küchenmaschine zerbröseln und optional 1–2 EL der Brösel für die Dekoration beiseitestellen.

Den Frischkäse mit dem Speisequark, dem Puderzucker und dem Zitronensaft in einer Schüssel glatt rühren. Falls die Masse zu fest ist, esslöffelweise kaltes Wasser dazugeben und weiterrühren.

Die Brombeeren waschen und abtropfen lassen. Einige Brombeeren für die Dekoration beiseitestellen. Die restlichen Brombeeren zusammen mit dem Vanillezucker pürieren.

Das Dessert in vier Dessertgläsern anrichten. Dazu zuerst eine Schicht der zerbröselten Amarettini, dann etwas von der Frischkäse-Quark-Creme und zuletzt etwas Brombeerpüree in die Dessertgläser geben. In dieser Reihenfolge weiterschichten und mit der Frischkäse-Quark-Creme beenden.

Das Dessert mit den beiseitegestellten Brombeeren und Keksbröseln verzieren. Bis zum Servieren im Kühlschrank aufbewahren.

TIPP
Dieses Dessert schmeckt statt mit Amarettini auch mit anderen Keksen, wie Butterkeksen oder Lotus-Keksen, wunderbar.

ALTERNATIVE
Das Schichtdessert lässt sich ebenso gut statt mit Brombeeren mit allen anderen Beerensorten zubereiten.

Beerentarte

Diese Beerentarte ist perfekt für warme Sommertage. Sie wird nämlich direkt aus dem Kühlschrank serviert und ist daher herrlich erfrischend. Der Boden besteht aus einem einfachen, knusprigen Mürbeteig. Und die cremige Füllung aus Beeren und Sahne wird anstatt mit Gelatine mit Agar-Agar, einem pflanzlichen Geliermittel in Pulverform, zubereitet, sodass die Tarte vegetarisch ist.

Für 1 Tarteform (24 cm Durchmesser)
Zubereitungszeit: 25 Minuten
Backzeit: 20 Minuten
Ruhezeit: 3,5 Stunden

Für den Boden
200 g Weizenmehl Type 405 oder 550
50 g Zucker
100 g Butter
Blindbackkugeln (oder getrocknete Hülsenfrüchte) zum Blindbacken

Für die Füllung
150 g Erdbeeren
150 g Himbeeren
200 g Schlagsahne
30 g Zucker
1 Packung Vanillezucker
Agar-Agar-Pulver für 300 ml Flüssigkeit (pflanzliches Geliermittel; erhältlich in gut sortierten Supermärkten)

Zum Anrichten (optional)
1 Handvoll Beeren nach Wahl
1 TL Kokosraspel
2 Stängel Minze

Für den Boden das Mehl mit dem Zucker in einer Schüssel verrühren. Die Butter in Würfel schneiden und dazugeben. Mit den Händen zu einem glatten Teig kneten und dabei nach und nach esslöffelweise etwa 4 EL kaltes Wasser dazugeben. Den Teig zu einer Kugel formen und abgedeckt 30 Minuten im Kühlschrank ruhen lassen.

Anschließend den Teig rund ausrollen und in die Tarteform legen. Den Teig festdrücken und den überstehenden Rand abschneiden. Den Boden mehrmals mit einer Gabel einstechen.

Ein Stück Backpapier auf den Teig legen und Blindbackkugeln darauf verteilen. Den Boden im vorgeheizten Backofen bei 200 °C Ober-/Unterhitze 20 Minuten blindbacken. Dann aus dem Ofen nehmen und das Backpapier mitsamt den Blindbackkugeln entfernen.

Für die Füllung die beiden Sorten Beeren waschen, gut abtropfen lassen und das Grün der Erdbeeren entfernen. Die Beeren pürieren. Mit der Sahne, dem Zucker und Vanillezucker in einen Topf geben. Alles verrühren und aufkochen. Dann das Agar-Agar-Pulver sofort in die heiße Flüssigkeit geben und die Füllung unter Rühren 2 Minuten köcheln lassen. Anschließend die heiße Füllung sofort auf den Tarteboden geben. Die Tarte für mindestens 3 Stunden in den Kühlschrank stellen und fest werden lassen.

Die Tarte vor dem Servieren optional mit den frischen Beeren, den Kokosraspeln und der frischen Minze verzieren.

TIPP
Sollte von der Füllung noch etwas übrig bleiben, kann man diese einfach in Dessertgläser geben und ebenfalls im Kühlschrank fest werden lassen. So entsteht eine vegetarische Beeren-Pannacotta.

ALTERNATIVE
Die Tarte kann auch mit Blaubeeren und Brombeeren statt mit Erdbeeren und Himbeeren gemacht werden. Und natürlich kann statt verschiedener Beeren ebenso gut jeweils nur eine Sorte verwendet werden.

Pflaumen-Galette

Galettes stammen aus der französischen Küche und sind im Prinzip flache Kuchen. Das Rezept für diese süße Variante hier besteht aus einem einfachen Mürbeteig, der mit unterschiedlichem Obst belegt werden kann. Mir persönlich schmeckt sie aber mit reifen Pflaumen am besten. Allgemein gilt: Je reifer die Früchte sind, desto leckerer wird die Galette. Und damit es so richtig sommerlich wird, kann man sie wunderbar mit einer Kugel Vanilleeis zusammen servieren.

Für 6 Personen
Zubereitungszeit: 25 Minuten
Backzeit: 40 Minuten
Ruhezeit: 30 Minuten

Für die Galette
200 g Dinkelmehl Type 630
50 g Zucker + 2 EL mehr
100 g Margarine
2 EL gemahlene Mandelkerne
6 Pflaumen
1 EL Milch

Zum Anrichten (optional)
1 EL gehobelte Mandelkerne
6 Kugeln Vanilleeis

Das Mehl mit 50 g Zucker und der Margarine vermengen, bis eine krümelige Konsistenz entsteht. Dann esslöffelweise etwa 4 EL kaltes Wasser dazugeben und alles zu einem glatten Teig kneten. Den Mürbeteig zu einer Kugel formen und 30 Minuten im Kühlschrank ruhen lassen.

Den Mürbeteig etwa 0,5 cm dick ausrollen, sodass ein Oval oder ein Kreis entsteht. Den Teigling auf ein mit Backpapier ausgelegtes Backblech legen. Mit den gemahlenen Mandeln bestreuen, dabei rundherum einen Rand von 3 cm frei lassen.

Die Pflaumen waschen, entsteinen und in Scheiben schneiden. Die Scheiben auf den gemahlenen Mandeln verteilen. Den Teigrand zur Mitte hin über die Pflaumen klappen. Den Rand mit der Milch bestreichen und mit 2 EL Zucker bestreuen. Die Galette im vorgeheizten Backofen auf mittlerer Schiene bei 180 °C Ober-/Unterhitze 40 Minuten backen.

Anschließend die Galette etwas abkühlen lassen. Optional mit den gehobelten Mandeln bestreuen und mit jeweils einer Kugel Vanilleeis servieren.

TIPP
Anstelle der gemahlenen Mandeln können auch Semmelbrösel für eine nussfreie Variante verwendet werden.

ALTERNATIVE
Die Galette lässt sich statt mit Pflaumen genauso gut mit Äpfeln, Aprikosen, Birnen, Mirabellen, Nektarinen, Pfirsichen, Rhabarber oder Zwetschgen zubereiten.

Bananen-Muffins

Dieses Rezept ist eine super Möglichkeit, braune Bananen zu verwerten. Die Muffins sind unglaublich köstlich und für mich eine tolle Alternative zum klassischen Bananenbrot. Sie sind fluffig, schokoladig und vor allem schnell zubereitet.

Für 8 Stück
Zubereitungszeit: 15 Minuten
Backzeit: 25 Minuten

2 reife Bananen
220 g Weizenmehl Type 405 oder 550
65 g Zucker
7 g Backpulver
75 g Sonnenblumenöl
60 ml Milch
1 Ei
75 g Schokotröpfchen

Die Bananen schälen und mit einer Gabel zu einem Brei zerdrücken.

Das Mehl mit dem Zucker und dem Backpulver in einer Schüssel vermengen.

Das Öl mit der Milch und dem Ei in einer separaten Schüssel verquirlen. Die zerdrückten Bananen unterheben. Die Mischung zu den trockenen Zutaten geben und mit einem Löffel nur so lange verrühren, bis gerade so ein glatter Teig entsteht.

Zuletzt die Schokotröpfchen vorsichtig unter den Teig heben. Den Teig gleichmäßig auf Muffinförmchen verteilen. Die Muffins im vorgeheizten Backofen bei 180 °C Ober-/Unterhitze 25 Minuten backen.

Anschließend die Muffins aus dem Backofen nehmen und komplett abkühlen lassen.

ALTERNATIVE
Die Muffins können statt mit Bananen auch mit Karottenpüree gemacht werden. Dazu einfach zwei kleine Karotten in 2 cm breite Stücke schneiden, 15 Minuten kochen, anschließend abgießen und pürieren.

Joghurt mit lauwarmen Honigbirnen

Joghurt mit Honigbirnen gibt es bei mir immer, wenn ich Appetit auf eine Nachspeise habe, aber nicht so lange in der Küche stehen möchte. Denn das Obst muss nur kurz in einer Butter-Honig-Mischung in der Pfanne geschwenkt werden und kann dann sofort serviert werden. Ich mag es besonders gerne im Winter, denn die Kombination aus lauwarmen Birnen und Zimt ist wunderbar wohltuend an kalten Tagen.

Für 2 Personen
Zubereitungszeit: 10 Minuten

2 Birnen
10 g Butter
2 TL flüssiger Honig
1 Prise Zimtpulver
300 g griechischer Joghurt
1 EL gehackte Haselnusskerne

Die Birnen waschen, das Kerngehäuse entfernen und die Birnen in Spalten schneiden.

Die Butter in einer Pfanne bei mittlerer Temperatur schmelzen und die Birnenspalten darin 2–3 Minuten anschwitzen. Anschließend den Honig dazugeben und die Birnen weitere 2–3 Minuten in der Pfanne schwenken. Dann die Birnen aus der Pfanne nehmen und mit dem Zimt bestreuen.

Den griechischen Joghurt auf zwei tiefe Teller verteilen und die karamellisierten Birnen darauflegen. Mit den gehackten Haselnüssen anrichten und sofort servieren.

ALTERNATIVE
Die Birnen können auch durch Äpfel, Aprikosen, Nektarinen, Pfirsiche, Pflaumen oder Zwetschgen ersetzt werden.

Einfacher Rührkuchen mit Obst

Ich finde, dass einfache Rührkuchen total unterschätzt sind. Mir persönlich sind sie auf jeden Fall deutlich lieber als jede Sahnetorte. Und viel schneller zubereitet sind sie auf jeden Fall. Und wer nicht auf Sahne verzichten mag, kann ja auch eine große Portion Schlagsahne zum Rührkuchen servieren.

Für 1 Springform (26 cm Durchmesser)
Zubereitungszeit: 20 Minuten
Backzeit: 30–35 Minuten

Für den Rührkuchen
250 g Kirschen
120 g Butter (Zimmertemperatur)
150 g Zucker
2 Eier
50 ml Milch
250 g Weizenmehl Type 405 oder 550
½ TL Backpulver

Zum Anrichten (optional)
1 EL gehobelte Mandelkerne
2 TL Puderzucker

Die Kirschen waschen, halbieren und entsteinen.

Die Butter mit dem Zucker in einer Schüssel mit einem Mixer schaumig rühren. Die Eier sowie die Milch nacheinander dazugeben und weiterrühren.

Das Mehl mit dem Backpulver in einer separaten Schüssel vermengen. Die Mischung nach und nach zu den flüssigen Zutaten geben. Mit einem Löffel so lange rühren, bis ein glatter Teig entsteht.

Den Boden der Springform mit Backpapier auslegen. Den Teig in die Springform geben und glatt streichen. Die Kirschen auf dem Teig verteilen und vorsichtig hineindrücken. Den Kuchen im vorgeheizten Backofen bei 170 °C Ober-/Unterhitze 30–35 Minuten backen.

Anschließend den Kuchen vollständig abkühlen lassen. Optional mit den gehobelten Mandeln und dem Puderzucker verzieren.

ALTERNATIVE
Der einfache Rührkuchen lässt sich eigentlich mit jeder Obstsorte backen. Ich mache ihn statt mit Kirschen auch gerne mit Äpfeln, Birnen, Blaubeeren, Johannisbeeren, Mirabellen, Pflaumen, Rhabarber, Stachelbeeren oder Zwetschgen.

Register

REZEPTE VON A BIS Z

ZUTATENREGISTER

Bei mit (A) gekennzeichneten Rezepten ist die jeweilige Zutat als Alternative zum Rezept angegeben.

Über die Autorin

Jacqueline Alfers ist Foodbloggerin und Foodfotografin. Auf ihrem Blog **useyourfood.de** teilt sie Rezepte und Tipps, um die Lebensmittelverschwendung zu Hause zu reduzieren. Mit ihren Gerichten zeigt sie, wie lecker und abwechslungsreich aus wenigen Zutaten gekocht werden kann. Ihre Fotos bestechen dabei durch zeitloses Storytelling und stellen die Wertschätzung der Lebensmittel in den Vordergrund.

Impressum

Produktmanagement: Stefanie Gückstock
Redaktion: Constanze Lüdicke
Korrektorat: Judith Bingel
Layout & Satz: Elke Mader
Umschlaggestaltung: Regina Degenkolbe
Repro: LUDWIG:media
Herstellung: Julia Hegele

Printed in Turkey by Elma Basim

Rezepte & Texte: Jacqueline Alfers
Fotografie: Jacqueline Alfers

★★★★★

Sind Sie mit diesem Titel zufrieden? Dann würden wir uns über Ihre Weiterempfehlung freuen. Erzählen Sie es im Freundeskreis, berichten Sie Ihrem Buchhändler oder bewerten Sie bei Onlinekauf. Und wenn Sie Kritik, Korrekturen oder Aktualisierungen haben, freuen wir uns über Ihre Nachricht an Christian Verlag, Postfach 40 02 09, D-80702 München oder per E-Mail an lektorat@verlagshaus.de

Unser komplettes Programm finden Sie unter

www.christian-verlag.de

Alle Angaben dieses Werkes wurden von der Autorin sorgfältig recherchiert und auf den neuesten Stand gebracht sowie vom Verlag geprüft. Für die Richtigkeit der Angaben kann jedoch keine Haftung übernommen werden, weshalb die Nutzung auf eigene Gefahr erfolgt. Sollte dieses Werk Links auf Webseiten Dritter enthalten, so machen wir uns die Inhalte nicht zu eigen und übernehmen für die Inhalte keine Haftung.

In diesem Buch wird aus Gründen der besseren Lesbarkeit das generische Maskulinum verwendet. Weibliche und anderweitige Geschlechteridentitäten werden dabei ausdrücklich mitgemeint, soweit es für die Aussage erforderlich ist.

Bildnachweis:
Alle Bilder des Innenteils und auf dem Umschlag stammen von der Autorin.
Icons: shutterstock.com/Happy Art.

Die Deutsche Nationalbibliothek verzeichnet diese Publikation in der Deutschen Nationalbibliografie; detaillierte bibliografische Daten sind im Internet über http://dnb.d-nb.de abrufbar.

Infanteriestraße 11a
80797 München

ISBN 978-3-95961-722-2

FSC
www.fsc.org
MIX
Aus vorbildlich bewirtschafteten Wäldern
FSC® C164814

Ebenfalls erhältlich ...

ISBN 978-3-95961-500-6

ISBN 978-3-95961-370-5

ISBN 978-3-95961-411-5

ISBN 978-3-95961-599-0